D1729843

Hotelgeschichte(n) weltweit blickt auf Anekdoten berühmter Gäste, auf bedeutsame Ereignisse und auf die Entstehungsgeschichte bekannter Filme, TV-Serien und Romane. Alle haben eines gemeinsam: Ort des Geschehens war ein Hotel.

Geschehen ist darin einiges – und dies überall auf der Welt: Im südenglischen Stoke Park etwa traf einst James Bond auf Goldfinger. Im Hotel Nacional de Cuba in Havanna ging Amerikas Unterwelt ein und aus. Und im Pariser L'Hôtel beendete Oscar Wilde sein Leben – nicht ohne einen letzten Funken Humors.

Checken Sie ein in die *Hotelgeschichte(n) weltweit.* Wir haben für Sie reserviert!

Michael Pohl

HOTEL GESCHICHTE(N)

weltweit

Seitnotiz
www.seitnotiz.de

Dieses Buch ist mit weiterführenden Inhalten im Internet verknüpft. Sie erkennen die Verweise an dem Symbol ▤ neben der Kapitelüberschrift. Der Abruf der Inhalte erfolgt kostenlos und ohne Registrierung unter www.seitnotiz.de. Dort tragen Sie das Kürzel (z. B. ▤ HOTEL3) ein und gelangen zu den Inhalten. Bei elektronischen Fassungen (z. B. E-Books) genügt ein Klick auf das Kürzel.

MIX
Papier aus verantwortungsvollen Quellen
FSC
www.fsc.org   FSC® C006701

1. Auflage 2013
© Conbook Medien GmbH, Meerbusch, 2013
Alle Rechte vorbehalten.
www.conbook-verlag.de

Lektorat: Christiane Barth
Illustrationen Einband: Nina Eggemann
Satz: David Janik
Druck und Verarbeitung: CPI – Ebner & Spiegel, Ulm

Printed in Germany

ISBN 978-3-943176-46-9

Inhalt

II. Bauten und Bauliches 55

IV. Geschichten und Geschichtliches 121

VI. Prominente und Prominentes 199

C Check-in

Es gibt nichts Schöneres als das eigene Bett. Oder etwa doch? Aus irgendeinem Grund haftet Hotels stets das Image des Sterilen an, des Austauschbaren. Schlichte Räume, unbequeme Betten, der ständig präsente Gedanke, dass vor einem selbst womöglich schon ein paar Tausend anderer Gäste in denselben Räumlichkeiten untergebracht waren. Und dann erst die Übernachtungspreise! Hotel, das ist für viele gleichbedeutend mit einem notwendigen Übel. So etwas wie tanken oder arbeiten gehen: Es widerstrebt einem, aber es geht halt nicht ohne.

Dabei müssen Hotels gar nicht so gesichtslos sein, wie ihnen immer nachgesagt wird. Einige sind bei genauer Betrachtung sogar wesentlich interessanter als manch beliebte Sehenswürdigkeiten, für die sich Reisende beharrlich in Schlangen anstellen und zuvor bis zu einem halben Tag im Flugzeug eingezwängt waren. Ganz davon abgesehen, dass die Bequemlichkeit eines Bettes üblicherweise äquivalent zu den Sternen eines Hotels ansteigt. Und irgendwo übersteigt sie vielleicht sogar die des eigenen Bettes.

Viele Gebäude, die heute zum Übernachten genutzt werden, dienten früher ganz anderen Zwecken. Da gibt es ehemalige Rathäuser und Gerichte, sogar frühere Gefängnisse schmücken sich heute mit bis zu fünf Sternen. Und weil Reisen nun mal meist nicht ohne Übernachten funktioniert, egal wie betucht die entsprechende Person sein mag, residieren in Hotels immer wieder Berühmtheiten, die das Augenmerk auf sich ziehen: von der britischen Königin über Charlie Chaplin bis zu bekannten Schriftstellern wie Charles Dickens und Ernest Hemingway.

Wobei Letzterer sogar außergewöhnlich viel auf Achse gewesen sein muss, schaut man sich die Gästebücher internationaler Hotels einmal genauer an. Womit er zumindest über eine Gemeinsamkeit mit dem früheren britischen Premierminister Winston Churchill verfügte: Wo man auch hinkommt – Churchill war schon da.

In Hotels entstand Weltliteratur wie Agatha Christies *Tod auf dem Nil,* das die britische Krimiautorin einst in Assuan verfasst haben soll. Hier wurde Geschichte geschrieben, wie etwa bei der Ausarbeitung der Charta der Vereinten Nationen in San Francisco. Und auch die eine oder andere bis heute populäre Speise entstand irgendwann einmal in einem Hotel, wie der Waldorfsalat. Manch fremdes Bett wird also umso sympathischer, wenn man die Geschichte des dazugehörigen Hotels kennt. *Hotelgeschichte(n) weltweit* blickt auf die Vergangenheit von 75 Hotels in aller Welt. Mal sind es Anekdoten, die ein Haus bekannt machten, mal historische Begebenheiten, mal berühmte Gäste. Orte des Geschehens sind dabei individuelle Betriebe genauso wie große Kettenhotels. Viele von ihnen gibt es bereits deutlich länger als 100 Jahre, andere sind erst in diesem Jahrtausend entstanden. Alle aber haben eines gemeinsam: Betrachtet man ihre Geschichte, sind sie alles andere als austauschbar. Und somit definitiv ein Grund fürs Reisen. Wer will da noch zu Hause im eigenen Bett bleiben?

Michael Pohl, Sommer 2013

I. LEINWAND UND LITERATUR

1 Hôtel Tadoussac, Tadoussac
Wo John Irving den Bären losließ

Es sind tragikomische Ereignisse, die **John Irving** in seinem Roman *Das Hotel New Hampshire* beschreibt. Die Erlebnisse der Familie Berry, die in den USA und zeitweise in Wien Hotels betreibt, wurden weltweit zum Bestseller und 1984 auch vergleichsweise nah an der Buchvorlage verfilmt. Die weiße Holzfassade, das auffällige rote Dach mit seinem prägnanten Turm – schnell lernten Kinobesucher damals, wie sich Irving ein typisches Hotel Neuenglands vorgestellt hat. Doch genau genommen hatte es mit dieser nordöstlichen Region der USA nicht viel zu tun: Das Hotel im Film befindet sich in Wirklichkeit in Kanada.

Das Hôtel Tadoussac in der Provinz Quebec diente als Drehort für die Außenaufnahmen der Irving-Verfilmung. Eingebettet in eine Waldlandschaft mit Blick auf die Tadoussac-Bucht und den Sankt-Lorenz-Strom schien es wie geschaffen dafür. Dabei war das Haus bereits weit vor dem Film so etwas wie eine Ikone. Selbst für kanadische Bauweisen wirkt das Gebäude mit seiner schlossähnlichen Fassade eher wie ein Hotel aus der Disney-Traumfabrik als ein realer Übernachtungsbetrieb. Doch das Hôtel Tadoussac ist tatsächlich ein ganz normales Hotel.

Gerade dies zog 1984 auch die Filmschaffenden an. Das Hôtel Tadoussac sieht so sehr nach Neuengland aus, dass man es in Hollywood oder gar New Hampshire nicht besser nicht hätte erschaffen können. Hier versuchen im Film die Berrys um Vater Win (**Beau Bridges**) mehr oder weniger erfolglos den Betrieb des Hotels. Hier beginnt seine jüngste Tochter Lilly (**Jennifer Dundas**) mit ihren ersten Versuchen als Jungautorin. Hier nähern sich die ältere Tochter Franny (**Jodie Foster**) und ihr Bruder John (**Rob Lowe**) mehr als gemeinhin unter Geschwistern üblich an. Hier outet sich ihr Bruder Frank (**Paul McCrane**) als homosexuell. Und hier taucht der für Irvings Geschichten beinahe schon obligatorische Bär auf. **Tony Richardson** hat mit *Hotel New Hampshire* die Romanvorlage in einen zumindest bei Kritikern angenehm aufgefallenen Film übertragen. Kommerziell blieb der große Erfolg am Ende allerdings aus.

Für das Hôtel Tadoussac war es nicht der letzte Besuch von Filmcrews. 2004 entstanden hier auch Aufnahmen für den Film *Vereint euch und kämpft* mit **Gerard Depardieu** in der Hauptrolle. Die Produktionen waren eine späte Würdigung für ein Traditionshaus. 1864 eröffnet, markierte das Hôtel Tadoussac den Beginn des Tourismus für das Gebiet rund um den gleichnamigen Ort. Der war damals selbst noch relativ jung, erfreute sich jedoch bereits wachsender Beliebtheit – die sich noch einmal steigerte, als 1927 ein Fährbetrieb zwischen Tadoussac und Baie-Sainte-Catherine aufgenommen wurde.

Noch etwas ist besonders auf dem Hotelgelände: Die alte Holzkapelle, heute bekannt als Kapelle der Indianer, gilt als älteste ihrer Art in ganz Nordamerika. Erbaut wurde sie vor mehr als 250 Jahren von jesuitischen Missionaren, die mit ihrer Hilfe die Innu, die Ureinwohner dieser Region, vom Christentum überzeugen wollten.

ADRESSE	Hôtel Tadoussac, 165 Rue Bord de l'Eau, Tadoussac (Quebec), Kanada, www.hoteltadoussac.com
ZIMMER	149
STERNE	3

BAUJAHR	1864
BERÜHMTE GÄSTE	Rob Lowe, Nastassja Kinski, Jodie Foster (Schauspieler)
DO IT YOURSELF	Einfach auf der Veranda niederlassen, wie einst im Film, und auf einen Bären warten – vielleicht bei einem guten Roman von John Irving.

2 Falkensteiner Schlosshotel, Velden am Wörthersee
Wo Roy Black zum Hotelier wurde

Lennie Berger hat es nicht leicht: Von seinem Onkel erbt er das Schlosshotel Velden direkt am Wörthersee. Er will es in Schwung bringen und stößt doch immer wieder auf Widerstand – vor allem den der örtlichen Mitbewerber. Zwei Staffeln lang stand **Roy Black** Anfang der 90er-Jahre für die RTL-Serie *Ein Schloss am Wörthersee* als Hotelchef vor der Kamera. Es sollte seine letzte große Rolle werden: Black starb, noch bevor die dritte Staffel begonnen werden konnte.

Zu schön, um wahr zu sein, wirkt die Kulisse in der Serie: Der ockergelbe Türmchenbau im Schönbrunner Stil, direkt am Westufer des Wörthersees gelegen, dürfte der Traum eines jeden Österreich-Urlaubers sein. Dabei brauchen sie gar nicht großartig träumen, denn das Hotel gibt es wirklich: Das Falkensteiner Schlosshotel Velden beherbergt seit jeher Gäste aus aller Welt.

Bauen ließ es der Freiherr von Aichelberg, **Bartholomäus Khevenhüller**. Das Mitglied eines einflussreichen Kärntner Adelsgeschlechts pendelte ständig zwischen seinem Stammsitz Burg Landskron und Klagenfurt, sodass er 1585 in etwa auf halber Höhe in Velden das Anwesen erwarb. Zunächst stand dort nur eine Mühle, doch Khevenhüller gab den Auftrag für ein neues Gebäude, das bis 1603 zu einem repräsentativen Herrenhaus wuchs. 1762 brannte es in Teilen ab und wurde notdürftig wiederaufgebaut. 1890 erwarb der Wiener Porzellanfabrikant **Ernst Wahliss** das Anwesen. Er ließ die Gebäude durch den Architekten **Wilhelm Heß** im Stil der Neorenaissance umbauen, in Teilen nach alten Ansichten rekonstruiert. Innen wurde es zum Hotel umfunktioniert.

Bereits von 1952 an diente das verspielt wirkende Schloss als Kulisse für zahlreiche Film- und Fernsehproduktionen – unter anderem *Wenn die tollen Tanten kommen*, *Happy-End am Wörthersee* und später auch *Die Supernasen*. Dies ist wohl ein Grund dafür, dass das *Schloss am Wörthersee* ebenfalls hier gedreht wurde. Denn die Serie nahm gezielt Elemente früherer Heimatfilme auf.

1990 erwarb Multimillionär und Lebemann **Gunter Sachs** das Hotel. Er ließ es aufwendig renovieren. Seine extravagante Suite im Schloss kann heute von jedermann gebucht werden. 2011 wechselte das Hotel erneut den Besitzer. **Karl Wlaschek**, Gründer der österreichischen Supermarktkette Billa, erwarb das Anwesen und erfüllte sich damit einen lang gehegten Traum: Als junger Musiker mit dem Künstlernamen »Charly Walker« war er nach dem Zweiten Weltkrieg in dem Hotel aufgetreten. Nun gehörte es ihm. Im April 2012 öffnete es nach einer erneuten Renovierung. Betrieben wird das Haus seitdem von der Falkensteiner Michaeler Tourism Group. Zur Auftaktfeier gönnte sich Eigentümer Wlaschek ein besonderes Geschenk: Er machte seiner Lebensgefährtin im Schloss einen Heiratsantrag.

ADRESSE	Falkensteiner Schlosshotel Velden, Schlosspark 1, Velden am Wörthersee, Österreich www.falkensteiner.com/de/hotel/schloss-hotel-velden
ZIMMER	104
STERNE	5
BAUJAHR	1762 (Hotelumbau 1890)
BERÜHMTE GÄSTE	Peter Kraus (Musiker), Ottfried Fischer (Kabarettist), Harald Juhnke (Entertainer)
DO IT YOURSELF	Alles wie im Fernsehen – einfach einchecken und die Umgebung genießen. An Roy Black erinnert eine Büste vor dem Hotel.

3 Stoke Park, Stoke Poges
Wo James Bond auf Goldfinger traf

Nicht nur für Golfer dürfte es eine der eindrucksvollsten Szenen der Filmgeschichte gewesen sein: Auf sattgrünem englischen Rasen tritt James Bond alias **Sean Connery** 1964 in seinem dritten Abenteuer *Goldfinger* gegen den Filmbösewicht Auric Goldfinger (**Gert Fröbe**) zum Golf an. Letzterer schummelt jedoch prompt, was 007 bemerkt und ihn daraufhin seinerseits an der Nase herumführt. Am Ende lässt der sichtlich verärgerte Goldfinger Bond eine Warnung zukommen: Der grimmige Butler und Caddy Oddjob (**Harold Sakata**) nutzt seinen mit einer Stahlkante ausgestatteten Hut als Frisbee und köpft eine der Statuen vor dem Golfclub. »Bemerkenswert«, sagt 007 trocken, was wohl der Clubinhaber dazu sagen werde. »Nichts, Mr. Bond«, entgegnet Goldfinger. »Der Club gehört mir.« Großes Kino.

Den Club, vor dem diese Szenen spielen, gibt es bis heute: Stoke Park in der Grafschaft Buckinghamshire, unweit des Flughafens London-Heathrow gelegen, ist eines der berühmtesten Landhotels Großbritanniens. Nicht nur sein Golfplatz genießt einen exzellenten Ruf – das ganze 1,2 Quadratkilometer große Anwesen tut dies. Wobei Bond-Autor **Ian Fleming** in seiner Romanvorlage zum Film eigentlich einen anderen Club erwähnte: Royal St Mark's, ein fiktives Gelände bei Sandwich in der Grafschaft Kent.

Seit vielen Jahrzehnten ist Stoke Park immer wieder Drehort für Filme gewesen – was nicht nur an seiner einzigartigen Szenerie liegen dürfte, sondern vor allem an der Nähe zur wohl wichtigsten britischen Filmproduktionsfirma: Die Pinewood Studios liegen nur wenige Kilometer entfernt. Sie sind von Beginn an die Heimat eines jeden James-Bond-Films gewesen.

So kam, was kommen musste: 1997 kehrte die Filmcrew zurück nach Stoke Park, um dort auch Szenen für den Film *Der Morgen stirbt nie* mit **Pierce Brosnan** als 007 zu drehen. Diesmal jedoch wurde ein ganz anderer Schauplatz in das idyllische Anwesen transferiert: Der Festsaal des Clubs wird im Film als Bonds Hamburger Hotelzimmer ausgegeben.

Ein späterer 007-Darsteller kannte sich in Stoke Park bereits bestens aus: **Daniel Craig** drehte hier 2004 zahlreiche Szenen – allerdings nicht für einen Bond-Film (dafür wurde er erst zwei Jahre später entdeckt), sondern für *Layer Cake,* einen britischen Thriller. Darin wird Stoke Park auch als das ausgegeben, was es ist: der Country Club Stoke Park. Craig spielt in diesem Film Mr. X, einen Drogendealer, dem sogar eine Mitgliedschaft auf Lebenszeit für das Anwesen angeboten wird. Kein gutes Geschäft, wie sich herausstellt: Mr. X stirbt in der finalen Szene vor dem Haupteingang.

Die Liste weiterer Filme ist lang: *Bridget Jones – Schokolade zum Frühstück, Rock N Rolla, Liebe lieber indisch,* Madonnas *W.E.* – für all diese Produktionen wurden in den vergangenen Jahren Szenen in Stoke Park gedreht.

Das Anwesen selbst ist deutlich älter als die Filmindustrie: Mehr als 1.000 Jahre lässt sich dessen Geschichte zurückverfolgen. Der Architekt **James Wyatt** schuf zwischen 1790 und 1813 die Gebäude, wie sie bis heute erhalten geblieben sind. Für den Politiker und Schriftsteller **John Penn** gestaltete er ein einzigartiges Ensemble. **Lancelot Brown** und **Humphry Repton** ergänzten die Parklandschaft. **Nick »Pa« Lane Jackson**, Gründer des längst aufgelösten Fußballclubs Corinthian F.C., erwarb das Gelände 1908 und wandelte es in den noch heute existierenden Country Club um. Dessen von Bond und Goldfinger erprobter 27-Loch-Golfplatz gilt bis heute als einer der schönsten des Landes.

ADRESSE	Stoke Park, Park Road, Stoke Poges, Großbritannien, www.stokepark.com
ZIMMER	49
STERNE	5
BAUJAHR	1908 (Hotel)
BERÜHMTE GÄSTE	Johnny Depp, Cameron Diaz, Hugh Grant (Schauspieler), Claudia Schiffer (Model), Novak Djokovic (Tennisspieler)
DO IT YOURSELF	Was für eine Frage – eine Partie Golf auf dem einzigartigen 27-Loch-Grün.

The Langham, London
Wo Sherlock Holmes ermittelte

Ein Skandal in Böhmen war 1891 die erste wirklich erfolgreiche Kurzgeschichte um den Londoner Detektiv Sherlock Holmes – nach zwei vorangegangenen Büchern, die bis dato bei Weitem nicht solche Beachtung gefunden hatten. In *Ein Skandal in Böhmen* erscheint ein gewisser Baron von Kramm bei Holmes und zieht ihn geradewegs hinein in eine Erpressung innerhalb des europäischen Hochadels. Wo er denn wohne, fragt der Detektiv seinen Besucher schließlich, und dieser antwortet: »Sie finden mich im Langham.«

Es ist nicht die einzige Sherlock-Holmes-Geschichte, in der das bekannte Londoner Luxushotel eine Rolle spielt. Bereits in *Das Zeichen der Vier,* einem der beiden vorangegangenen, zunächst wenig beachteten Fälle, zieht es den Hauptcharakter ins Langham. Dort verschwindet Captain Morstan spurlos, dessen Tochter bittet Holmes um Hilfe. Und auch in *Das Verschwinden der Lady Frances Carfax* ist wieder von einem gewissen Londoner Hotel die Rede: dem Langham.

Ganz ungewöhnlich ist dies nicht: Ende des 19. Jahrhunderts galt das Langham als eines der ganz wenigen wirklich luxuriösen Hotels in Großbritannien. 1865 wurde der herrschaftliche Bau eröffnet und galt fortan als bedeutendstes Grandhotel seiner Zeit. Der Adel Europas stieg im Langham ab, entzückt vom damaligen Komfort wie den Badezimmern im Allgemeinen und den Toiletten mit Wasserspülung im Speziellen. Autoren musste die edle Umgebung geradezu inspirieren, noch dazu, wenn sie nur unweit entfernt lebten: **Sir Arthur Conan Doyle**, der Schöpfer von Sherlock Holmes, wohnte in der Nachbarschaft und galt so als regelmäßiger Gast des Hauses. Auch seine berühmte Kriminalfigur siedelte er in dieser Gegend an: Die Baker Street, jene bekannte Straße, in der Holmes seinen Wohnsitz hat, liegt nur ein paar Querstraßen vom Langham entfernt.

Im Jahr 1889 gab es ein Treffen in dem Hotel, das für die Entwicklung von Sherlock Holmes von entscheidender Bedeutung gewesen sein muss: Nach Hotelrecherchen trafen sich am 30. August jenes Jahres Doyle, Schriftsteller **Oscar Wilde** sowie **Joseph Marshall Stoddart**, Chefredakteur der Literaturzeitschrift *Lippincott's Monthly Magazine,* zum Abendessen – ein »goldener Abend für mich«, wie Doyle Jahre später schrieb. Wilde und er sollen demnach dort im Langham versprochen haben, Beiträge für *Lippincott's Monthly Magazine* zu schreiben. Wilde verfasste *Das Bildnis des Dorian Gray,* Doyle steuerte *Das Zeichen der Vier* bei, jene Geschichte, in der Sherlock Holmes seinen zweiten Auftritt hat und durch die die Idee zur Serie geboren wurde.

Das Langham ist bis heute ein architektonisches Aushängeschild Londons – wie eine Burg steht das imposante Bauwerk am nördlichen Ende der Regent Street, vis-à-vis dem nicht minder bekannten Broadcasting House des BBC-Rundfunks. Entstanden ist das Langham-Gebäude bereits 1814, als es der renommierte britische Architekt **John Nash** für den Bau eines Herrenhauses erwarb. Nash zeichnete damals für zahlreiche bekannte Gebäude in London verantwortlich, unter anderem für den Umbau des Buckingham House zum heutigen Buckingham Palace.

1863 wurde das Herrenhaus von den Architekten **John Giles** und **James Murray** in den heutigen Hotelkomplex umgebaut und erweitert. Für die damals enorme Summe von 300.000 Pfund verwandelten sie das Anwesen in ein fürstliches Gebäude mit sieben Stockwerken, 600 Zimmern und dem ersten hydraulischen Lift des Landes. Am 10. Juni 1865 eröffnete der Prinz von Wales, der spätere **König Edward VII.**, das Langham Hotel. Auch eines der ersten Reisebüros des Landes war in dem frisch eröffneten Komplex untergebracht: Ein Unternehmen namens **Thomas Cook** & Son verkaufte hier unter anderem Tickets für internationale Schiffsrouten. Später sollte aus dem Betrieb eines der größten Tourismusunternehmen Europas werden.

Der Erfolg des Langham währte zunächst nicht lang: Geschwächt durch eine Wirtschaftskrise ging die Betreibergesellschaft des Hotels nur zwei Jahre später bankrott. Ein Nachfolger war schnell gefunden, doch noch einmal geriet der Betrieb in Schwierigkeiten. In den 30er-Jahren des 20. Jahrhunderts erwarb die BBC das Gebäude. Sie nutze einige Teile als Lagerräume, verlegte Büros in den Komplex, später auch Aufnahmestudios. Während der Bombardierung Londons durch Hitlers Armee wurde der Westflügel des Gebäudes zerstört, außerdem ein Wassertank, der das gesamte Haus überflutete. Das Langham musste vorübergehend schließen.

In den 60er-Jahren nutzte die BBC den Hotelkomplex wieder zunehmend: Der Palmenhof diente als Aufführungsort für Orchesterkonzerte und Aufzeichnungen von Comedy-Sendungen, der Ballsaal wurde zum Schallplattenarchiv. 1980 plante der Sender gar, das Gebäude komplett abreißen zu lassen, um einen neuen Verwaltungskomplex hochziehen zu können in unmittelbarer Nähe des Sendergebäudes. Doch die Genehmigung wurde verweigert. Daraufhin wurde das Langham an einen Investor veräußert, der es zu dem umbaute, was es einmal war: eines der besten Hotels am Platze. 1991 eröffnete es wieder, zunächst als Teil der Hilton-Gruppe. 2004 ging es in die Hände der Hongkonger Great Eagle Holdings über, deren Hotelsparte seitdem unter dem Traditionsnamen The Langham firmiert.

ADRESSE	The Langham, 1c Portland Place, Regent Street, London, Großbritannien http://london.langhamhotels.co.uk
ZIMMER	378
STERNE	5
BAUJAHR	1865
BERÜHMTE GÄSTE	Charles de Gaulle (Politiker), Sir Arthur Conan Doyle, Oscar Wilde (Schriftsteller), Richard Gere, Martin Sheen (Schauspieler)
DO IT YOURSELF	Machen Sie es wie Sir Arthur Conan Doyle und gönnen Sie sich einen Afternoon-Tea im Palm Court des Langham – vielleicht mit einem spannenden Sherlock-Holmes-Buch.

5 The Gritti Palace, Venedig
Wo sich Hemingway inspirieren ließ

Der Weltkriegsveteran Richard Cantwell geht seinen letzten Tagen entgegen. Der Infanterieoberst der US-Armee war an zwei Kriegen beteiligt, an zig Einsätzen. Inzwischen ist er in Triest stationiert, deutlich ruhiger als die Jahre zuvor, und macht Urlaub im nahegelegenen Venedig – das ist die Basis für **Ernest Hemingways** *Über den Fluss und in die Wälder*. 1950 erschien dieser Roman, der – neben vielem anderen – auch die Huldigung eines Hotels darstellt. Denn Cantwell übernachtet in dem Roman im venezianischen Gritti Palace – so, wie auch Hemingway im wahren Leben mindestens viermal zwischen 1948 und 1954.

Hier soll der Literaturnobelpreisträger auch zahlreiche Seiten von *Über den Fluss und in die Wälder* verfasst haben. Die Heldin des Buches, Contessa Renata, schuf Hemingway nach dem Vorbild einer realen Dame, **Adriana Icancich**, Tochter eines venezianischen Aristokraten. Mehrfach sollen die beiden lange Abende im Restaurant des Gritti Palace verbracht haben. Auf dem Menü standen den Erzählungen zufolge Scampi-Risotto und Valpolicella-Wein.

Noch heute ist das Hotel stolz auf seinen berühmten Gast von einst – deswegen trägt die schönste Suite des Hauses mit einem Blick auf den Canal Grande nun den Namen Hemingway. Der Autor bedankte sich zu Lebzeiten mit einer Würdigung: Er beschrieb das Gritti als »das beste Hotel in einer Stadt voller großartiger Hotels«. Ob er geahnt hat, dass dieses Zitat noch 60 Jahre nach seinem Tod ständig hervorgeholt werden würde?

Nicht immer ist das Gebäude ein Hotel gewesen. Seine Geschichte reicht zurück bis ins Jahr 1525, als er als offizielle Residenz der Familie Gritti erbaut wurde. **Andrea Gritti** war von 1523 bis 1538 der 77. Doge Venedigs und setzte sich energisch für die Neutralität der Löwenrepublik ein – die er jedoch wegen eines Angriffs aus dem Osmanischen Reich nicht komplett erhalten konnte.

Später wurde der Palast von Gritti zur Residenz des Botschafters des Vatikans in Venedig, anschließend wieder von reichen und mächtigen Adelsfamilien bewohnt; zunächst von den Pisanis, von 1814 an erneut von den Grittis.

Anfang des 20. Jahrhunderts schlossen die Eigentümer den Gritti-Palast an das benachbarte Grandhotel Palazzo Ferro Fini an und bauten ihn zu einem Hotel um. Nach dem Zweiten Weltkrieg erfolgten erneute Umbauten, bevor der Komplex 1948 als Hotel The Gritti Palace wiedereröffnet wurde. Die Lage direkt am Canal Grande zog schnell Künstler und Adelige an. Nicht nur Hemingway zählte in jener Zeit zu den berühmten Gästen. Auch Orson Welles, Graham Greene oder Luchino Visconti standen auf der Gästeliste.

Der britische Schriftsteller **William Somerset Maugham** schrieb einmal: »Es gibt wenige Dinge im Leben, die angenehmer sind, als auf der Terrasse des Gritti zu sitzen, wenn die Sonne kurz vor dem Sonnenuntergang die beinahe gegenüberliegende Salute-Kirche in traumhafte Farben taucht.« Das mag übertrieben sein, aber wer heute durch die überfüllten Straßen der Lagunenstadt irrt, der wünscht sich mitunter tatsächlich einen Ort der Ruhe herbei wie ihn der Autor einst vorfand.

Das ist – mit entsprechendem Budget – inzwischen durchaus wieder möglich: 1994 übernahm die amerikanische Starwood-Kette das Hotel und führte es zunächst im gewohnten Stil weiter. Im November 2011 begann eine eineinhalb Jahre andauernde, grundlegende Sanierung.

ADRESSE	The Gritti Palace, Campo Santa Maria del Giglio 2467, Venedig, Italien, www.thegrittipalace.com
ZIMMER	82
STERNE	5
BAUJAHR	1525
BERÜHMTE GÄSTE	Winston Churchill (Politiker), Graham Greene (Schriftsteller), Igor Strawinski (Komponist)
DO IT YOURSELF	Man mag William Somerset Maugham nicht in allem recht geben – die Terrasse des Gritti Palace aber lohnt sich tatsächlich.

6 Park Hyatt, Tokio
Wo Bill Murray verloren war

So komfortabel können Lebenskrisen sein: Der alternde US-Schauspieler Bob Harris wird engagiert, um in Tokio in einer Whiskey-Werbung mitzuspielen. Daheim schwindet seine Popularität, in Tokio fühlt er sich verloren zwischen der Bar und der Suite seines Luxushotels – überdies in einem Land, dessen Sprache er nicht beherrscht. Doch dann lernt er bei seinen abendlichen Frustdrinks die Amerikanerin Charlotte kennen, die eigentlich mit ihrem Freund vor Ort ist, aber nachts ebenfalls nicht schlafen kann. Beide eint die Einsamkeit, der Jetlag – und das Herumirren in einer fremden Kultur mit einer fremden Sprache.

Sofia Coppola, die Tochter der Filmlegende Francis Ford Coppola, hat diese Handlung 2002 in ihrem erfolgreichen Film *Lost in Translation* verarbeitet, mit **Bill Murray** und **Scarlett Johansson** in den Hauptrollen.

Der Hauptdrehort dieses Oscar- und Golden-Globe-prämierten Films war das Park Hyatt Tokio im quirligen Stadtteil Shinjuku – gewissermaßen ein Stück amerikanischer Hotellerie inmitten der asiatischen Metropole. Das Hotel belegt die oberen 14 Etagen des Shinjuku Park Tower und bietet entsprechend beeindruckende Ausblicke auf die japanische Hauptstadt. Der Turm, der aus drei Teilen besteht, misst an der höchsten Stelle 235 Meter. Er wurde entworfen von **Kenzo Tange**, einem japanischen Architekten, der vor allem in seinem Heimatland sowie in Singapur zahlreiche große Gebäude konzipiert hat.

Bill Murrays Erlebnisse im Park Hyatt sind so ungewöhnlich nicht: Regisseurin Coppola, die selbst immer wieder für

Mode- und Fotografieprojekte in Tokio arbeitete, griff bei ihren Aufnahme auf real existierende Orte zurück. So ist die New York Bar im 52. Stock des Park Hyatt bei den nächtlichen Besuchen der beiden Hauptcharaktere unter anderem deswegen oft so leer, weil die Filmcrew hier erst ab 1 Uhr nachts drehen durfte.

Auch den Fitnessbereich, in dem Murray sich mit einem Crosstrainer schwertat, gibt es tatsächlich. Genauso wie die Karaokebar aus dem Film, die nicht weit vom Hotel entfernt liegt. Selbst die Aufnahmen in den Zimmern sind nicht in Studios entstanden, sondern direkt im Hotel. Eine einzige Suite stellte dabei das Set sowohl für das Zimmer von Bob als auch für das von Charlotte dar. Der Film, so erinnert man sich heute noch im Hotel, wurde in weniger als einem Monat im Park Hyatt abgedreht. Rund ein Dutzend Hotelmitarbeiter erhielten kurze Auftritte in *Lost in Translation*, zwei von ihnen sogar mit ein paar Zeilen Text. Jeder einzelne war zuvor von Sofia Coppola persönlich gecastet worden.

Die Wahl des Drehortes fiel der Regisseurin offenbar genauso wenig schwer wie die Handlung selbst: Über mehrere Jahre soll sie zuvor immer wieder Gast des Park Hyatt gewesen sein. Sie beschrieb das Hotel einmal als »stille schwimmende Insel in einer chaotischen Stadt« und als »den einzigen Ort, den ich mir jemals für diesen Film habe vorstellen können«. So soll auch das Drehbuch in Teilen im Park Hyatt Tokio entstanden sein. Ob in einer Lebenskrise? Zumindest wohl *Lost in Translation*, verloren in der Übersetzung.

| **ADRESSE** | Park Hyatt, 3-7-1-2 Nishi Shinjuku, Shinjuku-Ku, Tokio, Japan, http://tokyo.park.hyatt.com |
| **ZIMMER** | 177 |

STERNE	5
BAUJAHR	1994
BERÜHMTE GÄSTE	Bill Murray (Schauspieler), Sofia Coppola (Regisseurin)
DO IT YOURSELF	Man muss nicht das Komplettprogramm von Bill Murray nachspielen – aber ein Drink in der Hotelbar bei Pianomusik und dem imposanten Ausblick auf Tokio sollte schon dazugehören.

7

Sofitel Legend Old Cataract, Assuan
Wo Hercule Poirot auf einen seiner Fälle stieß

Agatha Christie dürfte den Schiffsverkehr auf dem Nil stets genau im Blick gehabt haben: Von der Terrasse des altehrwürdigen Sofitel Legend Old Cataract aus genießen Gäste bis heute die perfekte Aussicht auf den bekannten afrikanischen Fluss. Und Gast ist die britische Schriftstellerin in Ägypten mehrfach gewesen – das Land soll eines ihrer Steckenpferde gewesen sein. Das erklärt auch, weshalb einer ihrer bekanntesten Kriminalfälle im Old-Cataract-Hotel seinen Ausgang nimmt: *Der Tod auf den Nil,* in dem Christies belgischer Meisterdetektiv Hercule Poirot eine Reihe von Morden auf einem Nil-Kreuzfahrtschiff aufklären muss. Die Reise beginnt eben hier, am Ufer bei Assuan.

Die Schauplätze im Roman wirken sehr nah an der Realität – schließlich soll Agatha Christie den *Tod auf dem Nil* 1937 auch direkt im Old Cataract geschrieben haben, vermutlich beim malerischen Ausblick auf den Fluss und die Nil-Insel Elephantine in der Mitte des Stroms. Und auch eine Verfilmung des Buches aus dem Jahr 1978 mit **Peter Ustinov** als Poirot wurde zum Teil am Originalschauplatz im Hotel gedreht – wenn auch der weitaus größte Teil an Bord eines Schiffes spielt.

In den 30er-Jahren galt Ägypten für Briten zwar als vergleichsweise exotisches, aber keinesfalls als unerreichbares Reiseziel. Bereits seit der zweiten Hälfte des 19. Jahrhunderts brachten Dampfschiffe und Eisenbahnverbindungen Reisende nach Nordafrika. Die Wohlhabenden stiegen nicht selten im Old Cataract Hotel am südlichen Ende der Uferstraße Corniche el-Nil ab, einem eleganten viktorianischen Palast, der alle Annehmlichkeiten bot, nach denen ihnen verlangte. Der damals noch junge britische Reisekonzern **Thomas Cook** & Son hatte das Haus 1899 bauen lassen, um seinen Schiffsreisenden eine adäquate Herberge fern der Heimat bieten zu können.

Das Old Cataract blieb auch in den folgenden Jahrzehnten eines der Tophotels der Region – vor allem für europäische Gäste. So soll es hier gewesen sein, wo der bekannte französische Parfümeur **Jean-Claude Ellena** für Hermès seinen Duft »Un Jardin sur le Nil« kreierte. Zwischendurch kam das Hotel in die Jahre. Der ägyptische Staat hatte es erworben und unter Denkmalschutz stellen lassen. Erst nach einem dreijährigen Umbau wurde es 2011 wieder zu einem der besten Hotels des Landes. Viele Inventarstücke wie Lampen, der Empfangstresen in der Lobby oder der Briefkasten in Form einer Weltkugel sind aus der Anfangszeit des Old Cataract erhalten geblieben – und natürlich die berühmte Terrasse.

An Agatha Christie erinnert bis heute eine Suite mit ihrem Namen – übrigens nicht die einzige, die großen Briten gewidmet ist: Auch die Erinnerung an den früheren britischen Premierminister **Winston Churchill**, zu Lebzeiten ein weit gereister Mann, lebt ihn Form eines Zimmernamens fort.

ADRESSE	Sofitel Legend Old Cataract, Abtal El Tahrir Street, Assuan, Ägypten, www.sofitel-legend.com/aswan
ZIMMER	131
STERNE	5
BAUJAHR	1899
BERÜHMTE GÄSTE	Agatha Christie (Schriftstellerin), Winston Churchill, François Mitterrand, Nicolas Sarkozy (Politiker)
DO IT YOURSELF	Machen Sie es wie Agatha Christie – nehmen Sie auf der Terrasse Platz und beobachten Sie die Schiffe auf dem Nil. Es muss ja nicht gleich ein Mord geschehen ...

8

Bellagio, Las Vegas
Wo Danny Ocean ein ganzes Kasino ausraubte

Wie raubt man den Tresorraum eines lebhaften Spielkasinos aus? Indem man ihn gar nicht ausraubt, sondern zunächst nur so tut als ob – um anschließend als Spezialeinheit getarnt ungehindert in Ruhe mit dem gesamten Inhalt abziehen zu können. So geschehen im Jahr 2001 in **Steven Soderberghs** Film *Ocean's Eleven,* dem ersten Teil der Filmreihe um den cleveren Gauner Daniel »Danny« Ocean (**George Clooney**) und sein Team.

Ausgeraubt hat die Bande in diesem Film keinen geringeren Hotel- und Kasinokomplex als das Bellagio in Las Vegas. 1998 eröffnet gehört es nicht nur zu den beeindruckendsten Anlagen in Las Vegas selbst – es ist mit knapp 4.000 Zimmern zudem eines der größten Hotels weltweit. Zum Komplex gehört ein botanischer Garten sowie ein 3,2 Hektar großer See, auf dem ein Wasserspiel, die Fountains of Bellagio, längst zur Touristenattraktion geworden sind. Im 15- bis 30-Minuten-Takt schießen die Fontänen bis zu 140 Meter in die Höhe, untermalt von Opern, klassischer Musik und Broadway-Melodien. Ganze Busse fahren zu diesem Schauspiel vor.

Auch Danny Ocean und seine Kumpane stehen in *Ocean's Eleven* fasziniert vor den Fontänen, auch sie steigen vor ihrem Coup als Gäste im Bellagio ab, kundschaften mehrfach den riesigen Kasinobereich des Hotels aus. Für einen wirklich großen Raub, so scheint es, bedarf es einer wirklich repräsentativen Umgebung. Im Film lagern im Tresor rund 160 Millionen Dollar.

Dem Filmteam um Regisseur Soderbergh gefiel die Umgebung offenbar so gut, dass es 2007 noch einmal wiederkam – für die zweite Fortsetzung *Ocean's 13*. Andere Filmemacher taten es ihnen gleich: Auch Szenen aus *Rush Hour 2, Love Vegas* und *Hangover* sind im oder vor dem Bellagio gedreht worden.

Obwohl noch nicht besonders alt, gehört das Bellagio längst zu den Hotellegenden der Welt. Das mag unter anderem daher kommen, dass es auf dem Gelände einer weiteren Hotellegende steht: dem Dunes, zusammen mit dem Sands und dem Desert Inn eines der drei großen Häuser des frühen Las Vegas. 1993 wurde es geschlossen, weil es mit dem hohen Standard der neu entstandenen Hotels der Spielemetropole nicht mehr mithalten konnte. Es verabschiedete sich mit einer standesgemäßen Show: Die Sprengung wurde 1993 von einem fulminanten Feuerwerk begleitet.

Der Unternehmer **Steve Wynn**, der wesentliche Teile des Las Vegas Strip mitgestaltet hat, ließ das Bellagio für 1,6 Milliarden Dollar bauen. Es ist benannt nach der gleichnamigen Gemeinde in Italien und soll sich architektonisch an der Gegend um den Comer See orientieren. 1998 wurde der 151 Meter hohe Komplex eröffnet, unter anderem mit einer Show der kanadischen Künstlergruppe Cirque du Soleil, die seitdem im Bellagio auftritt. Große Dimensionen gehören zum Alltag: Im 10.000 Quadratmeter großen Kasinobereich des Hotels gibt es nicht weniger als 2.400 Spielautomaten, das Hotel verfügt gleich über fünf Freibäder sowie – nicht unwichtig in der Hochzeitsmetropole Las Vegas – zwei eigene Kapellen.

Durch die Fusion von Wynns Mirage-Resort-Gruppe mit dem Hotelbetreiber MGM Grand firmiert das Bellagio seit 2000 unter dem Logo des MGM-Löwen, jenem aus den Hollywood-Studios hervorgegangenen Unterhaltungskonzern. Wenn das kein Grund für weitere Filmproduktionen hier am Comer See von Las Vegas ist ...

ADRESSE	Bellagio, 3600 Las Vegas Boulevard South, Las Vegas, USA, www.bellagio.com/de
ZIMMER	3.933
STERNE	5
BAUJAHR	1998
BERÜHMTE GÄSTE	George Clooney, Matt Damon, Brad Pitt (Schauspieler)
DO IT YOURSELF	Man sollte es Danny Ocean nur in manchen Dingen gleichtun – unbedingt aber mit einem Besuch der Fountains of Bellagio.

9 The Westin Grand Hotel, Berlin
Wo Jason Bourne seine Verfolger abschüttelte

Der Showdown kommt in mehreren Etappen: Jason Bourne, von Amnesie geplagter früherer CIA-Auftragskiller, stellt seinen ehemaligen Chef Ward Abbott (**Brian Cox**) in dessen Hotelzimmer in Berlin zur Rede. Er bringt den früheren Leiter des illegalen »Treadstone«-Geheimprojekts zu einem vollständigen Geständnis – und zeichnet es mit einem Diktiergerät auf, um Beweise zu sichern. Abbott erschießt sich daraufhin, Bourne kann sich mit der Aufnahme vom Vorwurf reinwaschen, er habe in den vergangenen Wochen quer durch Europa wild in der Gegend herumgemordet; zumindest bei der CIA-Mitarbeiterin Pamela Landy (**Joan Allen**), die gegen ihn als vermeintlich außer Kontrolle geratenen Killer ermittelt hat. So ist es geschehen – zumindest auf der Leinwand im Film *Die Bourne Veschwörung,* dem zweiten Teil der Agentenreihe um Jason Bourne alias **Matt Damon**.

Das heimelige Zimmer, in dem Bourne und Abbott in dem Film aufeinandertreffen, gibt es tatsächlich, und zwar im Westin Grand Hotel in Berlin: die Goethe Suite, Zimmer Nummer 435. Dort und an anderen Stellen des Hotels wurden zahlreiche Szenen aus der *Bourne Verschwörung* gedreht. Über mehrere Wochen verwandelten die Produzenten das einstige Prestigehotel der DDR im Jahr 2004 in einen echten Hollywood-Drehort. Schwere Vorhänge verhüllten damals die großen Panoramafenster der Lobby, als Damon vor Kameras die weite Freitreppe des Atriums hinunterschritt. Regisseur **Paul Greengrass** bezog auch gleich einige Mitarbeiter des Hotels als Komparsen ein. Und der Filmverleih feierte die Deutschland-Premiere des Blockbusters standesgemäß und passend – ebenfalls im Westin Grand.

Vor allem Fernsehsender schätzen das Hotel als Drehort. So diente es auch für die Serien *Der Kriminalist, Eine wie keine, Wolffs Revier, Praxis Bülowbogen* sowie mehrere *Tatort*-Folgen immer wieder als Kulisse. Hinzu kamen Kinofilme wie *Pappa ante Portas, Liebe deine Nächste!* und *Offroad.*

Eine beachtliche Karriere für ein Gebäude, das einst primär als Devisenbringer der DDR gebaut worden war: Am 1. August 1987 eröffnete der Staatsratsvorsitzende **Erich Honecker** das damals staatlich betriebene Haus unter dem Namen Interhotel Grand Hotel Berlin. Der Bau soll 200 Millionen D-Mark verschlungen haben und entstand an der Ecke Unter den Linden/Friedrichstraße – genau dort, wo bis in den Zweiten Weltkrieg hinein die Kaisergalerie stand, ein Treffpunkt der wohlhabenden Berliner. Die architektonische Meisterleistung der gegen Ende des Krieges zerstörten Passage war der 14 Meter hohe glasüberdachte Innenraum, der sich in der Mitte zu einer achteckigen Halle ausdehnte. Genau dies haben die Architekten des Interhotel Grand Hotel versucht wiederaufzunehmen. Die Hotellobby wurde als Achteck gebaut, gekrönt von einem 30 Meter hohen Glasdach.

Das Hotel bot bereits zur Eröffnung jegliche Art von Luxus, nach dem es Gästen aus dem Westen Europas verlangen konnte: Plüsch, riesige Zimmer, große Bäder samt Telefon, Westfernsehen und kulinarische Köstlichkeiten, wie man sie selbst in Hamburg, London oder Paris nicht allerorten vorfand – alles freilich nur gegen harte Währung zu haben, nicht gegen Ostmark. Nur ein kleiner Teil der Gastronomie stand auch DDR-Bürgern mit ihrer eigenen Währung offen. Um jedoch einen der begehrten Tische zu bekommen, brauchte es eine Wochen vorab getätigte Reservierung und nicht zuletzt Beziehungen. Für das Jagdzimmer ließ Honecker persönlich bei der Firma Jehmlich in Dresden eine Orgel mit zwölf Registern in Auftrag geben. Das Hotel ist damit bis heute nach eigenen Angaben das einzige in Europa, das über eine funktionstüchtige Orgel verfügt.

Die Geschichte des Grandhotels überdauerte die der DDR deutlich: Die Treuhand übernahm den Betrieb und verkaufte ihn 1997 an die Starwood-Gruppe. Die betreibt das einstige Interhotel seitdem als Westin Grand Berlin. Zwischen November 2007 und April 2008 wurde das Hotel vollständig renoviert und um eine 7. Etage und 41 Zimmer erweitert.

ADRESSE	The Westin Grand Hotel Berlin, Friedrichstraße 158–164, Berlin, Deutschland, www.westingrandberlin.com
ZIMMER	400
STERNE	4
BAUJAHR	1987
BERÜHMTE GÄSTE	Diego Maradona (Fußballer), François Mitterrand, Wladimir Putin, Michail Gorbatschow (Politiker)
DO IT YOURSELF	In der Goethe Suite wurden Szenen der *Bourne Verschwörung* gedreht. Man kann sie buchen – oder schlicht wie Matt Damon die große Treppe in der Lobby hinabschreiten.

10 Hotel Portmeirion, Portmeirion
Wo »Nummer 6« festsaß

Es ist ein surrealer Ort, an dem **Patrick McGoohan** in der Fernsehserie *Nummer 6 (The Prisoner)* gefangen gehalten wird: eine Mischung aus viktorianischer Baukunst und mediterranen Farben, ein bisschen Puppenhaus in Pastelltönen – optisch perfekt für die in den 60er-Jahren gedrehte Reihe. Die Bewohner führen ein ganz normales Dorfleben, doch über allem steht »Nummer 1«, die nie öffentlich auftretende oberste Instanz. Das Dorf, »the village«, wird der Ort schlicht genannt. Wo er liegt, erfahren die Bewohner nicht – denn niemand darf ihn je verlassen. Weil sich dessen alle bewusst sind, verabschiedet man sich stets mit einem schlichten Gruß: »Be seeing you«, in der deutschen Synchronisation übersetzt als »Wir sehen uns«. Wo sollte man sonst auch hin?

Zuschauer könnten denken, die Kulissenbauer hätten alles gegeben, um das »Dorf« so aussehen zu lassen, wie es in der TV-Serie wirkte. Doch das Gegenteil ist der Fall: Für die Außenaufnahmen wurde fast nichts verändert, denn den Ort gab es bereits lange vor Produktionsbeginn. *Nummer 6* wurde in Portmeirion in Nordwales gedreht, einem von 1925 an künstlich geschaffenen Dorf, das komplett als Hotel genutzt wird. Es ist vermutlich Großbritanniens außergewöhnlichstes Hotel. Nur die Innenaufnahmen entstanden im Studio – was dazu führt, dass die kleinen Häuser in der Serie innen viel größer wirken, als sie in Wirklichkeit sind.

Der britische Architekt **Bertram Clough Williams-Ellis** hat Portmeirion erbaut. Das Dorf sollte so etwas wie sein Lebensprojekt werden. Er träumte davon, einen Ort ganz nach seinen Vorstellungen zu gestalten, als Vorbild diente ihm dabei Portofino in Ligurien. An der Nordwestküste von Wales fand er schließlich Idealbedingungen: ein altes Herrenhaus in Aber Iâ (»Eiszeit-Mündung«), das zum Ausgangspunkt von Portmeirion werden sollte. Williams-Ellis lieh sich bei einer Bank 20.000 Pfund, um das gesamte Areal am Hang zu kaufen. Haus für Haus begann er, sein Dorf entstehen zu lassen. Von Beginn an war es als Hoteldorf angelegt, um stets Einnahmen für immer neue Gebäude zu bekommen. Bis heute kann man in Portmeirion übernachten – allerdings nicht im Rundhaus, in dem Patrick McGoohan als »Nummer 6« gewohnt hat. Dort ist heute ein *Prisoner*-Shop untergebracht.

Williams-Ellis galt nicht als wohlhabend, deswegen legte er das Projekt langfristig aus. Wann immer er Geld hatte und irgendwo auf der Welt passende Substanz fand, machte er weiter. So kam es, dass in Portmeirion Häuserteile aus weiten Teilen des Vereinigten Königreichs wieder auftauchten. Der Architekt erwarb etwa im südenglischen Bristol die Frontfassade eines Badehauses aus dem 18. Jahrhundert, kurz bevor sie zugunsten einer Neubebauung zerstört werden sollte. In Liverpool stieß er auf einen großen Posten schmiedeeiserner Gitter, die mit dem Abbild einer Meerjungfrau verziert waren – er verteilte sie über zahlreiche Gebäude seines Dorfes, die Meerjungfrau wurde zum Symbol von Portmeirion. Der Dom – in der Fernsehserie das Domizil von »Nummer 2« – enthält Teile eines Kamins aus Dawpool in Cheshire.

Erst 1975 vollendete Williams-Ellis sein Dorf – nicht lange vor seinem Tod im April 1978. Seitdem werden die Gebäude innen immer wieder modernisiert, außen aber ist Portmeirion unverändert geblieben. Viele kommen, wenn nicht zum Übernachten, dann doch zumindest für einen Tagesausflug. Nur ei-

ner sei nie wieder zurückgekehrt, sagt Manager Meurig Jones:
»Nummer 6«-Schauspieler Patrick McGoohan. Womöglich hatte er Angst, nicht wieder abreisen zu können ...

ADRESSE	Portmeirion, Minffordd, Penrhyndeudraeth, Gwynedd, Großbritannien, www.portmeirion-village.com
ZIMMER	53
STERNE	4
BAUJAHR	1926
BERÜHMTE GÄSTE	George Harrison (Musiker), Brian Epstein (Beatles-Manager), Stephen Fry (Schriftsteller), Patrick McGoohan (Schauspieler)
DO IT YOURSELF	In jedem Frühjahr treffen sich *Nummer-6*-Fans aus aller Welt an einem Wochenende in Portmeirion, um Szenen der TV-Serie nachzuspielen.

11 Steigenberger Frankfurter Hof, Frankfurt/Main
Wo sich Felix Krull umsieht

Es kommt nicht jeden Tag vor, dass ein berühmter Autor etwas Profanes wie ein Hotel überschwänglich lobt. **Thomas Mann** hatte damit zumindest in einem Fall kein Problem: Den Frankfurter Hof in Frankfurt schätzte er offenbar so sehr, dass er ihn gleich zum Bestandteil seines Romans *Die Bekenntnisse des Hochstaplers Felix Krull* machte. Was könnte es Schöneres geben für ein Hotel in der Stadt der Buchmesse?

Krull sieht sich in dem Roman in Frankfurt nach den Reichen und Schönen um – und er tut dies in ebendiesem Hotel. Mann muss den Frankfurter Hof wirklich gemocht haben, denn 1907 schreibt er nach einem Aufenthalt an seinen Bruder Heinrich: »Was ein wirkliches ›Grand Hotel‹ ist, habe ich erst jetzt in Frankfurt wieder gesehen, im Frankfurter Hof: Da weiß man doch, wofür man zahlt, und tut's mit einer Art Freudigkeit.«

Ernest Hemingway war 1920 in einer Kolumne für den *Toronto Star* weniger erbaut von einem Aufenthalt: »An der großen Glastür des Frankfurter Hofs hing ein schwarz beschriebenes Schild: ›Franzosen und Belgier nicht zugelassen‹. An der Rezeption sagte mir der Mitarbeiter, ein Einzelzimmer würde 51.000 Mark kosten – ›mit Steuern natürlich‹.« Und wenig später bemängelte der spätere Erfolgsautor: »Oben im Zimmer war eine Liste der Steuern. Zunächst gab es eine 40-prozentige Stadtsteuer, dann 20 Prozent für Service, dann eine Gebühr von 8.000 Mark für die Heizung, dann die Ankündigung, dass Besuchern, die nicht im Hotel gefrühstückt haben, 6.000 Mark extra berechnet werden.« Es gab laut Hemingway noch einige andere Gebühren, was sich für ihn zusätzlich summierte: »Ich blieb die Nacht und die Hälfte des nächsten Tages. Die Rechnung belief sich auf 145.000 Mark.« Aus heutiger Sicht astronomische Summen – selbst für ein Luxushotel wie den Frankfurter Hof. In der damaligen Zeit der Inflation jedoch nicht gerade ungewöhnlich.

Der Frankfurter Hof wurde 1876 eröffnet. Zuvor stand auf dem Grundstück bereits der Weiße Hirsch, doch die 1972 von einflussreichen Einwohnern gegründete Frankfurter Hotel-Actiengesellschaft hatte es sich zum Ziel gesetzt, der Stadt ein viel prachtvolleres Hotel zu schenken; größer als alles zuvor Dagewesene, schöner und luxuriöser ohnehin. 350 Betten, ein großer Ballsaal, Aufzüge, eine Dampfheizung – im späten 19. Jahrhundert galten diese Errungenschaften durchweg als außergewöhnlich. Schon 1881 kam eine weitere Neuerung dazu: Der Frankfurter Hof erhielt als erstes Hotel der Stadt eine eigene Fernsprechnummer, zehn Jahre später zudem elektrisches Licht.

Das Hotel wurde zum Treffpunkt für die ganze Stadt. 80 Unternehmen gründeten hier einen Verein zur Wahrung der Interessen der chemischen Industrie – einen Vorläufer der IG Chemie. Für zahlreiche Feste und Sitzungen diente das Hotel als Austragungsort.

Der Frankfurter Hof war eng verbunden mit großen Namen der internationalen Hotellerie: **César Ritz**, der spätere Gründer des legendären Pariser Ritz, pachtete das Hotel 1895 und erwarb es einige Jahre später komplett. 1940 übernahm der Unternehmer **Albert Steigenberger** den Frankfurter Hof. Er ließ ihn auch nach den Zerstörungen des Zweiten Weltkrieges wieder originalgetreu aufbauen. Bis heute gehört das Haus zur Steigenberger-Hotelgruppe.

ADRESSE	Steigenberger Frankfurter Hof, Kaiserplatz, Frankfurt am Main, Deutschland, www.steigenberger.com/Frankfurt
ZIMMER	303
STERNE	5
BAUJAHR	1876
BERÜHMTE GÄSTE	Albert von Sachsen-Coburg und Gotha (Prinz), Hermann Hesse (Schriftsteller), Konrad Adenauer (Politiker), Bud Spencer (Schauspieler)
DO IT YOURSELF	In der Autorenbar des Hotels können Gäste (nicht nur zur Buchmesse) in Erinnerungen an Mann und Hemingway schwelgen.

12 Fairmont Le Château Frontenac, Quebec
Wo Hitchcock beichten ließ

Alfred Hitchcock liebte die Spannung und die scheinbar ausweglosen Situationen. Was er unter anderem in seinem 1953 gedrehten Film *Ich beichte* bewies: Der Hausmeister Otto Keller (**O. E. Hasse**) gesteht darin dem Pater Michael Logan (**Montgomery Clift**) einen Mord. Durch eine Verkettung unglücklicher Umstände gerät jedoch Logan kurz darauf selbst in Verdacht, der Täter zu sein. Er kennt die Wahrheit, darf sie aber angesichts des Beichtgeheimnisses nicht kundtun. Nur mit Mühe wird der Pater in einem Indizienprozess freigesprochen. Als Keller erkennt, dass sich die Schlinge um seinen eigenen Hals zuzieht, flieht er in das Château Frontenac im kanadischen Quebec. Hier kommt es zum Showdown. *Ich beichte* wurde nicht gerade Hitchcocks größter kommerzieller Erfolg. Heute jedoch gilt der Film unter seinen Fans als einer der typischen Filme des Regisseurs. Dieser soll ihn damals im Wesentlichen wegen der Kulisse in Quebec spielen lassen haben: Er war bei einem Besuch des Hotel Château Frontenac angeblich so begeistert von dem prunkvollen Bau, dass er ihn unbedingt auf Film bannen wollte. Lange erinnerten sich Mitarbeiter des Hotels an Hitchcocks Vorliebe für seltene Rindfleischsorten. Hoteldirektor **George Jessop** wurde gar die Ehre zuteil, sich im Film *Ich beichte* in einer kurzen Szene selbst zu spielen.

Bis heute ist das Château Frontenac eine der Hauptsehenswürdigkeiten Quebecs. Der große burgähnliche Bau steht auf einer Anhöhe, die den Sankt-Lorenz-Strom überragt, und wirkt wie ein mittelalterliches Fort – übrigens nicht nur von außen, auch innen wähnen sich Besucher in einer anderen Zeit. Dabei wurde der Komplex erst 1893 gebaut. Von Beginn an war er als

Hotel gedacht: Die Canadian Pacific Railway ließ zu jener Zeit an mehreren Orten Kanadas prachtvolle Hotels bauen, um die eigenen Strecken für Reisende attraktiver zu machen.

Das Château verdankt seinen Namen dem französischen Gouverneur **Louis de Buade**, dem Grafen von Frontenac. Er hatte die Neufrankreich genannten französischen Überseegebiete in Nordamerika von 1672 bis 1698 geführt. Sein Wappen ist noch heute an vielen Stellen des Hotels zu sehen.

Bereits vor Hitchcocks Besuch stand das Hotel mehrfach im Zentrum des Interesses. So trafen sich hier im August 1943 hochrangige Vertreter der Alliierten zur sogenannten Quadrant-Konferenz. Dabei steckten der britische Premierminister **Winston Churchill** sowie der amerikanische Präsident **Franklin D. Roosevelt** ihren Kurs gegen die Kriegsstaaten Europas ab, außerdem berieten sie das weitere Vorgehen in Südasien.

ADRESSE	Fairmont Le Château Frontenac, 1 Rue des Carrières, Quebec City, Kanada, www.fairmont.com/frontenac-quebec
ZIMMER	618
STERNE	5
BAUJAHR	1893
BERÜHMTE GÄSTE	König George VI. (Staatsoberhaupt), Grace Kelly (Fürstin und Schauspielerin), Ronald Reagan (Politiker), Alfred Hitchcock (Regisseur)
DO IT YOURSELF	Noch heute kann man im Inneren des Hotels gut nachvollziehen, wo Hitchcock die Szenen für *Ich beichte* gedreht hat. Echte Fans können sich auch in der Hitchcock Suite in der sechsten Etage einbuchen. Hier hängen unter anderem Bilder des Regisseurs sowie alte Plakate von *Ich beichte*.

13 The Plaza, New York
Wo Kevin mal wieder allein war

Es kann mitunter turbulent werden, wenn Kinder in einem Luxushotel allein gelassen werden. In **John Hughes'** Fortsetzung des Blockbusters *Kevin allein zu Haus* gerät einiges außer Rand und Band. Es sollte ein ganz normaler amerikanischer Weihnachtsurlaub für die Familie McCallister werden: ein paar Tage in Florida Sonne tanken, so wie es Zigtausende Amerikaner Jahr für Jahr tun. Doch Sohn Kevin (**Macaulay Culkin**) wählt am Flughafen aus Versehen das falsche Gate und landet – anders als der Rest der Familie – nicht im Flugzeug nach Florida, sondern nach New York. Mit der Kreditkarte seines Vaters in der Tasche nistet er sich ausgerechnet im noblen Hotel The Plaza am Central Park ein. Das Chaos nimmt seinen Lauf – vor allem, nachdem sein Vater die Kreditkarte sperren lässt.

Zahlreiche Szenen von *Kevin allein in New York* spielen im Plaza – unter anderem die waghalsige Flucht Kevins in einen Fahrstuhl und der legendäre Auftritt von Kevins Eltern im Hotel, bei dem seine Mutter empört fragt: »Was für Idioten arbeiten in diesem Hotel?« Die stolze Antwort am Empfang: »Die größten New Yorks.«

Der Klamaukfilm wird dem Hotel freilich nicht so ganz gerecht. Das Plaza ist eines der wenigen echten Grandhotels der Stadt mit einer langen Geschichte. Noch dazu mit einer langen Geschichte als Drehort. **Alfred Hitchcock** war der Erste, der in dem oft als »lang gezogenes Renaissance-Schloss« beschriebenen Bau mit einem Kamerateam auflief. Die Anfangsszenen seines 1959 gedrehten Films *Der unsichtbare Dritte* spielen im Plaza. Der Werbefachmann Roger O. Thornhill (**Cary Grant**) wird darin im Hotel von Gangstern entführt, die ihn irrtümlich für jemand anders halten. Für Grant war es quasi ein Heimspiel: Er lebte zu jener Zeit in einem Apartment des Plaza. Sobald er für eine Szene benötigt wurde, kam er herunter in die Lobby.

John Russell Taylor beschrieb in seiner Biografie *The Life and Times of Alfred Hitchcock* eine typische Begebenheit aus diesen Tagen: Hitchcock soll damals während der Dreharbeiten in Grants Apartment angerufen haben, ohne auch nur einen Ton zu sagen. Ein Mitglied des Filmteams fragte den Regisseur daraufhin erstaunt: »Sie haben nicht mal Guten Morgen zu Cary gesagt – wie soll er wissen, was er tun muss?« Hitchcock antwortete gelassen: »Oh, er ist seit Jahren durch diese Lobby gelaufen – ich muss ihm nicht sagen, wie.«

Etliche weitere bekannte Filme beinhalten Szenen aus dem New Yorker Plaza, unter anderem *Frühstück bei Tiffany* (1961), *Schlaflos in Seattle* (1993) und *Der große Gatsby* (2013). **Truman Capote** hielt am 28. November 1966 im Ballsaal des Hotels seinen Black and White Ball ab, ein Maskenfest, das als »Party des Jahrhunderts« in die Geschichte eingehen sollte.

Das 20-geschossige Plaza entstand 1907 an der Fifth Avenue zwischen 58. und 59. Straße. Hier hatte bereits zuvor, seit 1890, ein Hotel mit demselben Namen existiert, das jedoch für den Neubau abgerissen wurde. Er war gedacht als Luxushaus, in dem reiche Geschäftsleute ihren New-York-Aufenthalt verbringen konnten. Die Stadt war zu dieser Zeit stark im Kommen als wichtiger Handelsplatz. Deswegen erfüllten die Bauherren architektonisch höchste Ansprüche: Das Plaza ist im Stil eines französischen Châteaus konstruiert – in Anbetracht der bereits damals engen Platzverhältnisse in Manhattan aber deutlich höher und deutlich kompakter. Seit 1986 gehört das Hotel zu den Nationaldenkmälern Amerikas.

ADRESSE	Fairmont The Plaza, Fifth Avenue at Central Park South, New York, USA, www.theplazany.com
ZIMMER	282
STERNE	5
BAUJAHR	1907 (Vorgängerbau 1890)
BERÜHMTE GÄSTE	Ernest Hemingway, Truman Capote (Schriftsteller), Cary Grant (Schauspieler), The Beatles (Band)
DO IT YOURSELF	Einiges hat sich baulich geändert, seit Cary Grant hier durch die Lobby marschiert ist – doch Fans von »Kevin« werden manches wiedererkennen, unter anderem die Fahrstühle.

14 Taj Lake Palace, Udaipur
Wo James Bond auf Octopussy traf

Geradezu märchenhaft wohnt die reiche Schmugglerin Octopussy (**Maud Adams**) im gleichnamigen James-Bond-Film: in einem weißen Palast, inmitten des Pichola-Sees gelegen, erreichbar nur mit einer altertümlichen Barkasse. Ein ganzes Heer durchtrainierter Damen bewacht das Anwesen – unerwünschte Besucher müssen draußen bleiben. 007 schafft es selbstverständlich dennoch, in den Komplex einzudringen. Wer, wenn nicht er ...

Udaipur, die Stadt am Pichola-See, profitiert bis heute recht gut von dem 1982 gedrehten Agentenfilm. Bond-Fans aus aller Welt kommen, um sich die Schauplätze von *Octopussy* anzusehen. Kaum eine Nacht vergeht, in der nicht wenigstens auf einer Leinwand der Stadt der Bond-Film gezeigt wird. Meist sogar auf mehreren. Es ist vor allem ein Hotel, das für viele Fans Ziel ist: das Taj Lake Palace – im Film Octopussys weißer Palast im See. Einen Monat drehte eine 200-köpfige Crew hier und an anderen Orten Indiens Szenen des James-Bond-Abenteuers.

Filmausstatter **Peter Lamont** ließ in Mumbai aus zwei alten Wracks Octopussys Prachtbarke mit einem Rumpf aus Fiberglas bauen. Bond-Darsteller **Roger Moore** soll vor dem Dreh im Taj Lake Palace im unweit entfernten indischen Dschungel eine unschöne Begegnung gehabt haben: Ein Elefant hatte seine Exkremente ausgerechnet auf dem Stuhl des Darstellers abgeladen, was Moore trocken kommentierte: »Wo ich hinkomme: Kritiker!«

Das Taj Lake Palace gehört zu den berühmtesten Hotels Indiens. Seine Entstehung verdankt der Bau dem Prinzen **Jagat Singh**, der seinen Vater um ein Mondscheinpicknick mit den Damen aus dessen Palast bat. »Bau dir selbst einen Palast«, soll der Vater ge-

sagt haben, und genau dies tat Jagat Singh nach seiner Thronbe-
steigung. 1743 wurde der Grundstein auf der Insel im Pichola-See
gelegt, im Mai 1743 war der nach Maharadscha Jagat Singh II.
benannte »Jag Niwas« fertiggestellt. Erbaut aus weißem Marmor,
scheint der Palast, vom Ufer aus betrachtet, über dem Wasser zu
schweben. Er bietet in den unterschiedlichen Lichtstimmungen
des Tages den Stoff, aus dem romantische Träume sind.

Der Bau diente über Jahre hinweg als Sommerresidenz der
königlichen Familie – bis die indische Unabhängigkeit ein
Umdenken erforderlich machte. 1955 beschloss Maharadscha
Bhagwat Singh, den Palast für die Öffentlichkeit zugänglich zu
machen. Vier Jahre später wurde der Komplex zum Hotel umgebaut, wobei die Privatgemächer der königlichen Familie unverändert blieben. Offiziell wurde das Lake Palace 1964 eröffnet,
1971 übernahm die Taj-Gruppe das Management. Behutsam
wurde der Palast seitdem umgebaut, in vielen Bereichen hin zu
seinem historischen Aussehen zurückentwickelt. Bis heute gehört die Anlage dem Maharadscha von Udaipur.

ADRESSE	Taj Lake Palace, Lake Pichola, Udaipur, Rajasthan, In-dien, www.tajhotels.com/Luxury/Grand-Palaces-And-Iconic-Hotels/Taj-Lake-Palace-Udaipur/Overview.html
ZIMMER	100
STERNE	5
BAUJAHR	1746 (Hotel 1964)
BERÜHMTE GÄSTE	John Profumo (Politiker), Vivien Leigh, Roger Moore (Schauspieler), Königin Elizabeth II. (Staatsoberhaupt) und Prinz Philip
DO IT YOURSELF	Auf dem Jiva-Spa-Boot werden Spa-Anwendungen direkt auf dem Pichola-See angeboten – ein bisschen kann man sich da wie Octopussy im Film führen.

II. BAUTEN UND BAULICHES

La Mamounia, Marrakesch
Wo der Prinz feierte

Es mutet ein bisschen an wie ein Märchen aus 1001 Nacht: Auf der Suche nach einem passenden Hochzeitsgeschenk für seinen Sohn **Moulay Mamoun** stieß der damalige Sultan **Sidi Mohammed Ben Abdellah** irgendwann im 18. Jahrhundert auf einen prächtigen Garten außerhalb der befestigten Altstadt von Marrakesch. Geschützt durch zinngekrönte Mauern und mit Blick auf die schneebedeckten Gipfel des Atlasgebirges verliebte er sich umgehend in dieses drei Hektar große Gelände und übertrug es seinem Sohn.

Auch dieser fand ganz offensichtlich Gefallen daran: Um die opulenten Gartenpartys von Prinz Mamoun ranken sich Legenden. Mit schönen Frauen, virtuosen Musikern und reich gedeckten Buffets in der Szenerie des großen Gartens mit seiner exotischen und üppigen Pflanzenwelt lockte er herausragende Persönlichkeiten an. Und in gewisser Weise ist dies bis heute so geblieben.

1923 wurde nach Drängen der französischen Besatzer auf dem märchenhaften Gelände das Hotel La Mamounia eröffnet – der Name erinnert bis heute an den Prinzen. Es entwickelte sich trotz seiner zunächst nur 50 Zimmer schnell zum Treffpunkt internationaler Prominenz. Charles de Gaulle, Winston Churchill, Marlene Dietrich – alle kamen sie früher oder später hierher in die verspielten Räumlichkeiten aus traditioneller maurischer Architektur und dem damals populären Art-déco-Stil. 1946 wurde das Hotel erweitert und anschließend mehrfach renoviert, zuletzt 2006. Der französische Stararchitekt **Jacques Garcia** gestaltete es damals streng im Stil des Landes um – die meisten Art-déco-Elemente verschwanden wieder. Erst 2009 wurde das Hotel wiedereröffnet. Bis heute zählt sein Garten zu den außergewöhnlichsten Marokkos.

Kinofans kennen das Hotel aus großen Filmen: **Alfred Hitchcock** etwa ließ im La Mamounia Szenen seines Krimis *Der Mann, der zu viel wusste* drehen. **Doris Day** singt darin für ihren Film-Ehemann **James Stewart** in den Räumen des Hotels unter anderem ihr Lied *Que Sera, Sera*. Angeblich soll Hitchcock beim Lauschen der Amselgeräusche im Garten zudem die Idee für seinen späteren Film *Die Vögel* gehabt haben.

Auch **Josef von Sternberg**s Drama *Marokko* mit **Marlene Dietrich** und **Gary Cooper** wurde teilweise im La Mamounia gedreht. Der Film entstand bereits 1930. Und glaubt man den Anekdoten, so ist in dem Hotel auch der Hit *Marrakesh Express* von **Crosby, Stills and Nash** entstanden. Im Grunde kein Wunder, stiegen doch während der 60er- und 70er-Jahre auch immer mehr Rockmusiker in dem edlen Haus ab.

Inzwischen ist das La Mamounia im Besitz der marokkanischen Eisenbahngesellschaft ONCF, der Stadt Marrakesch sowie einer marokkanischen Bank. Es ist Teil der Leading Hotels of the World, einem Zusammenschluss international renommierter Luxushotels.

ADRESSE	La Mamounia, Avenue Bab Jdid, Marrakesch 40040, Marokko, www.mamounia.com
ZIMMER	212
STERNE	5
BAUJAHR	1923
BERÜHMTE GÄSTE	Winston Churchill (Politiker), Jean-Paul Belmondo (Schauspieler), The Rolling Stones (Band), Yves Saint Laurent (Modedesigner)
DO IT YOURSELF	Keine Frage – der Garten ist ein Muss.

2 Kempinski Hotel Bristol, Berlin
Wo ein ganzes Hotel von Ost nach West zog

Es war **Theodor Fontane**, der sich Ende des 19. Jahrhunderts mit einer zwar nicht weltbewegenden, aber doch interessanten Frage der Zeit befasste: In etlichen Städten – vor allem in Europa, aber auch in anderen Gebieten der Welt – wurden in dieser Zeit Hotels unter dem Namen »Bristol« eröffnet. Warum bloß, fragt sich der Autor in seinem 1897 erschienenen Roman *Der Stechlin*.

»Alles ersten Ranges, kein Zweifel«, heißt es bei Fontane, »wozu noch kommt, dass mich der bloße Name schon erheitert, der neuerdings jeden Mitbewerb so gut wie ausschließt. (...) Alle müssen ›Bristol‹ heißen. Ich zerbreche mir den Kopf darüber, wie gerade Bristol dazu kommt. Bristol ist doch am Ende nur ein Ort zweiten Ranges, aber Hotel Bristol ist immer prima.« Und der Autor stellt in diesem Zusammenhang die Frage aller Fragen: »Ob es hier wohl Menschen gibt, die Bristol je gesehen haben? Viele gewiss nicht, denn Schiffskapitäne, die zwischen Bristol und New York fahren, sind in unserm guten Berlin immer noch Raritäten.«

Diese Stelle des Romans handelt vom Berliner Hotel Bristol – das es genau genommen zweimal gab. **Gustav Georg Carl Gause** erbaute für **Conrad Uhl** das erste der beiden zwischen 1890 und 1891 am Prachtboulevard Unter den Linden. Es war ein Grandhotel im kaiserlichen Stil, prägnant vor allem durch sein zentrales Kuppeltürmchen. Schriftsteller wie George Bernard Shaw stiegen hier ab, der Architekt und Designer **Peter Behrens** (er schuf unter anderem das Continental-Verwaltungsgebäude in Hannover sowie das Mannesmann-Haus in Düsseldorf) erlag in dem Hotel 1940 einem Herzschlag. Und bereits am 30. September 1897 fand im Bristol gar ein Vorgänger der ersten Internationalen Automobil-Ausstellung statt, die heute in Frankfurt am Main veranstaltet wird. Damals freilich noch in geradezu winzigem Ausmaß: Gerade einmal acht Fahrzeuge gab es zu sehen.

Bereits 1904 übernahm die Hotelbetriebs AG der Familie Kempinski die Geschäfte. Diese war bereits sehr erfolgreich in der Gastronomie tätig – musste wegen ihrer jüdischen Wurzeln während des Zweiten Weltkrieges jedoch ins Ausland flüchten. Am 22. November 1943 schließlich kam auch das Aus für ihr inzwischen von den Nazis übernommenes Haus: Das Hotel Bristol Unter den Linden wurde durch einen Luftangriff zerstört. Es war das vorläufige Ende eines der bedeutendsten Hotelbetriebe der Hauptstadt. Nach dem Krieg kam es an dieser Stelle nicht wieder zu einem Neuaufbau – Russland beanspruchte das Gelände für den Bau seiner Berliner Botschaft.

Frederic W. Unger, der einzige überlebende Enkel der Kempinskis, kehrte nach dem Krieg zurück nach Berlin. Auf dem Gelände eines abgebrannten Restaurants der Familie am Kurfürstendamm errichtete er 1951 ein Hotel – das Kempinski Hotel Bristol. Es sollte den Erfolg des zerstörten Hauses fortführen. Und war noch mehr – eine der ersten großen Investitionen im zerstörten Berlin. Zur Eröffnung titelte eine Zeitung der Stadt: »Kempinski heißt: Berlin kommt wieder«.

In den folgenden Jahren entwickelte sich das »Kempi«, wie die Berliner das Haus nun nannten, zum wichtigsten Hotel im Westen der Stadt. Gemeinsam mit dem Café Kranzler stand es über viele Jahrzehnte für das entspannte Alltagsleben im Westen der geteilten Stadt. Die Hotelbetriebs-AG übernahm noch in den 50er-Jahren das Hotel am Kurfürstendamm. Weil der Name weit über die Grenzen der Stadt hinaus als Inbegriff von Luxus bekannt war, wurde er schnell zum Namen für den gesamten Konzern. Heute gilt die Kempinski-Hotelgruppe als älteste Luxushotelkette Europas. Sie verfügt über knapp 70 Häuser in Europa, Asien und Afrika. Was dazu führte, dass der Name Kempinski auch wieder in der Straße Unter den Linden zu finden ist: Das Hotel Adlon am Pariser Platz gehört nun ebenfalls zum Konzern.

Über die Herkunft des Namens Bristol herrscht im Übrigen nach wie vor Unklarheit. Zwar verwenden einige der Bristol-Hotels auf der Welt bis heute Teile des Wappens der südenglischen Stadt (wo es übrigens erst seit wenigen Jahren ein »Bristol Hotel« gibt); es deutet jedoch einiges darauf hin, dass die beliebte Bezeichnung in der Reiselust des vierten Earls von Bristol begründet ist, dem früheren Bischof von Derry. Der soll im 18. Jahrhundert ein bekannter Reisender gewesen sein. Was offenbar dazu führte, dass Herbergen sich damit brüsteten, wenn er bei ihnen übernachtet hatte.

ADRESSE	Kempinski Hotel Bristol, Kurfürstendamm 27, Berlin, www.kempinskiberlin.de
ZIMMER	301
STERNE	5
BAUJAHR	1891 (erstes Hotel), 1952 (zweites Hotel)
BERÜHMTE GÄSTE	John F. Kennedy, Ronald Reagan (Politiker), Herbert von Karajan (Dirigent), Roger Moore, Cary Grant (Schauspieler)
DO IT YOURSELF	Fontanes Roman *Der Stechlin* bietet sich als Bettlektüre an.

3 The Beverly Hills Hotel, Beverly Hills
Wo die Eagles ihr »Hotel California« fanden

»*You can check-out anytime you like, but you can never leave*«, sang die kalifornische Band **Eagles** 1976 auf ihrem Album *Hotel California*: Du kannst jederzeit auschecken, aber du wirst es nie wieder wirklich verlassen. Ein zweifelhaftes Lob für ein Hotel. Der zunächst etwas irritierende Text über einen Reisenden, der in einer abgelegenen Herberge absteigt, erweist sich am Ende in vieler Hinsicht als Metapher für das wahre Leben: Manches, das zunächst verlockend erscheint, endet in einem Albtraum. Eagles-Sänger **Don Henley** beschrieb den Song in einem Interview einmal als »unsere Interpretation der Prasserei in Los Angeles«.

Umso irritierender ist der Text des Songs *Hotel California*, als auf dem Cover des entsprechenden Albums ein reales Hotel abgebildet ist: das Beverly Hills Hotel in der gleichnamigen, an Los Angeles grenzenden Stadt, aufgenommen von **David Alexander**. Stand es gar doch Pate für das Lied? Nicht wirklich – das Beverly Hills Hotel ist das wohl bekannteste Hotel Kaliforniens, wenn nicht der gesamten USA. Die Eagles haben das Coverfoto des »Pink Palace«, wie der Bau wegen seines rosafarbenen Anstrichs gern genannt wird, eher als Sinnbild für Kalifornien gewählt. So manchen Hotelgast wird allerdings im Leben ein ähnliches Schicksal ereilt haben wie dem müden Reisenden im *Hotel California*: gefangen im Luxus der Berühmtheit – aber ohne Möglichkeit, dieses Leben einfach hinter sich zu lassen.

Das Beverly Hills Hotel ist bis heute das Hotel schlechthin für Hollywood-Größen. Das liegt vor allem an seiner Lage: 1912 erbaut, war es das erste Gebäude in der Region überhaupt. Wo inzwischen eine der teuersten Wohngegenden der Welt entstanden ist, gab es damals lediglich Farmland. Beverly Hills, wie man es heute kennt, wuchs buchstäblich rund um das gleichnamige Hotel.

Der Erfolg kam mit den Filmstudios. In den Anfangsjahren des Beverly Hills Hotel zog es immer mehr Filmschaffende ins benachbarte Hollywood. Die großen amerikanischen Produktionen entstanden zunehmend hier. Und viele Stars besuchten den »Pink Palace« mit seinem prägenden Uhrturm – wenn nicht zum Übernachten, dann zumindest zum Essen oder für geschäftliche Verhandlungen. **Marilyn Monroe** übernachtete so oft in Bungalow Nummer 7, dass dieser längst als »Norma Jean Bungalow« bekannt ist, nach dem realen Namen Monroes. **Humphrey Bogart** soll so manche Nacht an der Bar gezecht haben. **Katharine Hepburn** wird nachgesagt, sie sei einst mit einen Rückwärtssalto im Pool gelandet, und zwar im Tennisoutfit. Und **Elizabeth Taylor** verbrachte ihre Flitterwochen hier – gleich bei sechs ihrer insgesamt acht Hochzeiten.

Nirgends, so ist oft zu hören, habe es auf einem Fleck je mehr Oscar-Trophäen gegeben als im Beverly Hills Hotel – vom Austragungsort der Verleihung vielleicht mal abgesehen. Denn zur jährlichen Verleihung dieser wichtigsten Auszeichnung der US-Filmindustrie ist das Hotel stets ausgebucht. Viele Stars zieht es bis heute nach der Feier hierhin, zum Weiterfeiern in kleinem Kreis.

Forscht man nach den Berühmtheiten, die im Beverly Hills Hotel ein und aus gingen, stößt man früher oder später auf nahezu jede Hollywood-Größe. Nur von einer Band ist nie die Rede: den Eagles. Erfolg hatten sie mit ihrem *Hotel California* dennoch zu Hauf: Goldene Schallplatten, ein Grammy für das beste Album des Jahres 1977, das *Rolling Stone Magazine* zählte den gleichnamigen Song gar zu den 500 besten Rocksongs aller Zeiten. Und dabei scheint er vor allem eines zu sein: zeitlos. Im Jahr 2009 verlieh der US-Musik-Dachverband RIAA den Eagles noch einmal Platin – für eine Million digitale Downloads.

ADRESSE	The Beverly Hills Hotel, 9641 Sunset Boulevard, Beverly Hills, USA, www.beverlyhillshotel.com
ZIMMER	204
STERNE	5
BAUJAHR	1912
BERÜHMTE GÄSTE	John Wayne, Henry Fonda, Marlene Dietrich, Marilyn Monroe (Schauspieler)
DO IT YOURSELF	Ein Besuch des Pools gehört dazu – schon allein, um die Berühmtheiten unter den Gästen zu erspähen.

4 Ciragan Palace Kempinski, Istanbul
Wo Sultan um Sultan zu Hause war

Überaus erhaben steht er da, am Ufer des Bosporus: der Ciragan-Palast, der im Verlauf der vergangenen drei Jahrhunderte mehrfach sein Äußeres veränderte. Die helle, aufwendig verzierte Fassade ist weithin sichtbar und zählt längst zu den großen Bauwerken Istanbuls. Im zum Wasser hin geöffneten Innenhof sprießen Palmen und sattgrüner Rasen. Der Palast, eine Oase für Staatsoberhäupter? Nicht mehr ganz – heute ist er eine Unterkunft für jeden, der es sich leisten kann: ein luxuriöses Fünf-Sterne-Hotel.

Das Ciragan Palace wird seit 1990 von der Kempinski-Gruppe betrieben und gilt als einziger osmanischer Palast der Region, der für Übernachtungsgäste geöffnet ist. Das war beileibe nicht immer so.

Bereits ab dem 16. Jahrhundert standen in den Kazancioglu-Gärten, dem Gelände des heutigen Palastes, Herrenhäuser. Den ersten Palast direkt am Wasser ließ der Großwesir **Ibrahim Pasha von Nevsehir** 1719 für seine Frau **Fatma Sultan** bauen. Diese organisierte fortan im Garten regelmäßig Fackelfeste – damals »Ciragan Festivals« genannt. Das Wort »Ciragan« bedeutet im Persischen so viel wie »besondere Lichtquelle«. Es wurde schnell zum Synonym für den ganzen Palast.

Sultan Mahmut II. beschloss 1834, das gesamte Areal neu zu bebauen. Er ließ die Wasservilla abreißen, ebenso eine Schule und eine Moschee, die sich auf dem Gelände befanden. Stattdessen entstand innerhalb von acht Jahren ein noch viel prachtvollerer Palast aus seltenen Hölzern und insgesamt 40 Säulen. Es sollte nicht der letzte Umbau gewesen sein.

Der nächste Sultan – Abdülmecid – plante einen weiteren Neubau und ließ deswegen 1857 den noch jungen Palast abreißen. Doch er starb, bevor das Projekt beendet werden konnte. Sein Bruder, **Sultan Abdülaziz**, nahm sich des Vorhabens an und ließ den neuen Palast 1871 fertigstellen – noch prunkvoller als je zuvor, schließlich wurde der Bau zu seiner neuen Residenz. Besonders aufwendig waren die Ornament-Türen, von denen jede einzelne 1.000 Goldstücke wert gewesen sein soll. Eine davon schenkte der Sultan einem Freund, dem deutschen **Kaiser Wilhelm II.**, der sie in ein Berliner Museum bringen ließ.

Von Mitte November 1909 an diente der Palast als Parlament. Dafür wurde er mit zahlreichen antiken Möbeln und teuren Kunstwerken ausgestattet. Doch die Freude über das prachtvolle Domizil wehrte nur kurz: Bereits im Januar 1910 zerstörte ein Feuer das gesamte Innere des Palastes. Die Ruine überdauerte Jahrzehnte. Lange Zeit nutzte die Stadt Istanbul sie als Lager für Baustoffe. Im Garten entstand ein kleiner Sportplatz – die Mauern des früheren Palastes blieben stehen. Manche hielten sie für so etwas wie ein Mahnmal.

Erst 1985 wurde der Bau des Hotels beschlossen, fünf Jahre später konnte es eröffnet werden. Das Ciragan Palace Kempinski besteht heute aus zwei Gebäuden: dem restaurierten Palast des Sultans sowie dem direkt angrenzenden Hotelkomplex, der entsprechend traditionell und luxuriös eingerichtet ist.

ADRESSE	Ciragan Palace Kempinski, Ciragan Caddesi 32, Istanbul, Türkei, www.kempinski.com/istanbul
ZIMMER	313
STERNE	5
BAUJAHR	1871 (Umbau 1985)

BERÜHMTE GÄSTE Harald Glööckler (Modedesigner), Sebastian Vettel (Formel-1-Fahrer), Tom Jones (Sänger), Cristiano Ronaldo (Fußballspieler)

DO IT YOURSELF Ab in den Garten – und dort flanieren wie Fatma Sultan! Bei Einbruch der Dämmerung bietet sich eine ganz besondere Atmosphäre.

5 The Fullerton Hotel, Singapur
Wo früher Post sortiert wurde

Es ist der wohl ungewöhnlichste Bestandteil der Singapurer Skyline: Das Fullerton Hotel, ein aufwendiger neoklassizistischer Säulenbau aus den 30er-Jahren des vergangenen Jahrhunderts, wirkt vor den Alleen von Hochhäusern wie ein vergessenes Stück aus der Vergangenheit. Vermutlich macht gerade dies seinen Reiz aus. Das Gebäude ist viel flacher als die umliegenden Wolkenkratzer, es ist hübsch, aber bei Weitem nicht so spektakulär wie der gegenüber am Hafenbecken emporragende Komplex Marina Bay Sands. Die drei Türme mit einem verbindenden Querbau auf den Dächern avancieren zu so etwas wie einem neuen Wahrzeichen der Stadt.

Dennoch zieht das Fullerton Hotel unweigerlich die Blicke an – es ist am alten Hafen die wohl letzte große Hinterlassenschaft des alten kolonialen Singapur. Und es kann auf eine bedeutende Geschichte zurückblicken, die eng mit jener des Stadtstaates verbunden ist.

Benannt wurde das Hotel nach **Sir Robert Fullerton**, dem ersten Gouverneur der Kolonie.

Nach seiner Eröffnung im Jahr 1928 war das Fullerton-Gebäude so etwas wie der Mittelpunkt der damaligen britischen Kolonie. Das Hauptpostamt hatte hier in der verschwenderisch schönen Halle seinen Sitz. Über den Collyer Quay vor dem Gebäude brachten die Mitarbeiter die sortierte Post zu den wartenden Schiffen. Auch die örtliche Börse und die Handelskammer zogen in den Prachtbau, außerdem mehrere Verwaltungseinheiten der Kolonie sowie der noble »Singapore Club«, ein heimliches Machtzentrum der Stadt.

Es schien, als konzentriere sich das für die wirtschaftliche Entwicklung des künftigen Stadtstaates wichtige Geschehen auf dieses einzige Gebäude. Schon damals war es bewusst prunkvoll geplant worden: Vier Millionen Dollar wurden in den Bau investiert, der zu jener Zeit das größte Gebäude Singapurs darstellte. Es entstand an einem Ort, an dem 100 Jahre zuvor ein Fort gebaut worden war, das die Kolonie vor Angriffen auf dem Seeweg schützen sollte.

Der folgte schließlich in den 40er-Jahren, wenn auch nicht auf dem Seeweg: Während des Zweiten Weltkrieges wurde das Fullerton-Gebäude zum Krankenhaus umfunktioniert, um verwundete britische Soldaten behandeln zu können. 1942 marschierte die japanische Armee in Singapur ein und machte den Prachtbau zu ihrem Hauptquartier.

Nach der Kapitulation Japans kehrte die Post zurück, später zudem ein Teil der Finanzverwaltung Singapurs. Bis 1996 war das Hauptpostamt geöffnet, am 24. März schloss es an diesem Ort für immer seine Pforten. Zahlreiche Pläne gab es seitdem für das Grundstück in bester Lage – man entschied sich jedoch schnell, das geschichtsträchtige Gebäude unbedingt zu erhalten, es behutsam zu restaurieren und eine neue Nutzung zu finden: ein Hotel.

Am 1. Januar 2001 eröffnete das Fullerton Hotel in dem frisch sanierten Bau. Und es wurde schnell wieder zu einer Art Treffpunkt der Stadt. Das ganze Hafengebiet Marina Bay ist seitdem massiv umgestaltet worden zu einem Vergnügungsgebiet. Zudem steht unweit des Gebäudes seit den 60er-Jahren das Wahrzeichen Singapurs: die Statue des »Merlion«, eine Kombination aus Meerjungfrau und Löwe.

ADRESSE The Fullerton Hotel, 1 Fullerton Square, Singapur, www.fullertonhotel.com

ZIMMER	400
STERNE	5
BAUJAHR	1924
BERÜHMTE GÄSTE	Das Hotel macht dazu keine Angaben.
DO IT YOURSELF	Mehrmals wöchentlich führt das Hotel Gäste

auf eine Geschichtstour durch und rund um das Gebäude. Täglich um 17 Uhr werden die beiden roten Briefkästen im Erdgeschoss geleert, die noch an die Zeit erinnern, als sich das Hauptpostamt im Fullerton-Gebäude befand.

6 The Taj Mahal Palace & Tower, Mumbai
Wo die Rassentrennung endete

Selbst ist der Mann: Weil dem indischen Industriellen **Jamsedji Tata** Ende des 19. Jahrhunderts der Zutritt zum Watson's Hotel in Bombay, dem heutigen Mumbai, verwehrt worden sein soll, wurde er selbst aktiv. »Nur für Weiße«, sollen ihm die Angestellten damals die Geschäftspolitik des Hauses vorgehalten haben, bevor sie ihn abwiesen. Das ließ Tata, durch zahlreiche Geschäfte schon damals sehr wohlhabend, nicht auf sich sitzen: Er beschloss, ein eigenes Hotel zu bauen – größer, schöner und vor allem für jedermann zugänglich, ganz gleich, woher man stammte und welcher Religion man angehörte. Es war die Geburtsstunde eines der prachtvollsten Hotels Indiens: des Taj Mahal Palace. Der übrigens nichts mit dem viel älteren Mausoleum Taj Mahal im indischen Bundesstaat Uttar Pradesh zu tun hat – außer einer prägnanten Kuppel.

So weit die Legende. Ob sich die Ereignisse damals wirklich so zugetragen haben, ist nicht belegt. Fest steht heute lediglich: Watson's Hotel verfolgte zu jener Zeit tatsächlich eine strenge Rassenpolitik – und Tata, der Gründer des gleichnamigen, bis heute existierenden indischen Mischkonzerns, baute in Mumbai tatsächlich ein Hotel, das seinesgleichen suchte. Ende des 19. Jahrhunderts waren die Hotels in der Hafenstadt alles andere als Aushängeschilder. Sie galten als schäbig, überfüllt und in die Jahre gekommen. Genau der richtige Zeitpunkt für Tatas neues Projekt: Er wollte das Image seiner Stadt auffrischen und Besucher aus aller Welt anlocken. 1898 wurde der Grundstein gelegt, 1903 eröffnete der palastähnliche Bau. Er wurde prompt zu einem Markenzeichen des Hafens – denn das heute so beeindruckende Gateway of India entstand erst 21 Jahre später in unmittelbarer Nähe. Das Hotel zog vor allem im Land das Interesse auf sich: Für viele Maharadschas wurde das Taj Mahal Palace zu einer Art zweites Zuhause. Auch Freiheitsaktivisten fühlten sich hier wohl: **Ali Jinnah**, der spätere erste Staatschef Pakistans, sowie die Präsidentin des Indischen Nationalkongresses, **Sarojini Naidu**, gingen im Taj Mahal Palace ein und aus. Eine der ersten großen Ansprachen nach der Unabhängigkeit Indiens im Jahr 1947 wurde in dem Gebäude gehalten. Kurz zuvor, während des Zweiten Weltkrieges, wurde das Hotel zeitweise zu einem 600-Betten-Krankenhaus umfunktioniert.

Das Taj Mahal Palace knüpfte auch nach dem Krieg und nach der Unabhängigkeit an seine Erfolgsgeschichte an: 1973 wurde wegen der großen Nachfrage ein Turm angebaut. Architektonisch eher schlicht gehalten brachten die 20 neu entstandenen Stockwerke einen Bruch mit dem palastähnlichen Ursprungsgebäude mit sich.

Nicht die einzige einschneidende Veränderung für das Taj Mahal Palace: Im November 2008 übersäten islamistische Terroristen Mumbai mit mehreren Anschlägen. Dabei stürmten sie unter anderem zwei bei Touristen beliebte Hotels: neben dem Trident Oberoi auch das Taj Mahal Palace. Die Täter nahmen dort mehrere Geiseln und zündeten eine Bombe im Hauptgebäude. Durch den darauf folgenden Brand wurden Teile des Komplexes beschädigt. Erst nach drei Tagen war die Geiselnahme im Taj Mahal Palace beendet. Das Hotel blieb bis August 2010 für Renovierungs- und Reparaturarbeiten geschlossen.

Inzwischen ist der Betrieb wieder geöffnet – das Leben in Mumbai geht weiter, trotz der terroristischen Anschläge der Vergangenheit. Das Hotel bleibt offen für alle; ganz so, wie es sich Gründer Tata einst gewünscht hatte.

ADRESSE	The Taj Mahal Palace & Tower, Apollo Bunder, Mumbai, Indien, www.tajhotels.com/Luxury/ Grand-Palaces-And-Iconic-Hotels/The-Taj-Mahal-Palace-Mumbai/Overview.html
ZIMMER	560
STERNE	5
BAUJAHR	1903
BERÜHMTE GÄSTE	The Beatles (Band), Bill Clinton (Politiker), Michael Palin, Roger Moore (Schauspieler)
DO IT YOURSELF	Ein Drink an der Bar – vielleicht ein Bombay-Sapphire-Gin – ist zu empfehlen. Schließlich handelt es sich dabei um die Bar mit der ältesten Schanklizenz Mumbais.

7

Sofitel Legend Santa Clara, Cartagena
Wo es ein Kloster zu literarischem Ruhm brachte

Diese Mauern zeugen von Geschichte: Bereits im Jahr 1621 wurde das Sofitel Legend Santa Clara in der kolumbianischen Stadt Cartagena de Indias fertiggestellt – damals jedoch noch als Kloster. **Doña Catalina de Cabrera**, eine der führenden Philanthropen Kolumbiens, hatte nach ihrem Tod 1607 eine Summe von 2.500 Pesos sowie ein Grundstück für den Bau ebenjener Anlage hinterlassen. 14 Jahre später war sie fertig und es zogen die Schwestern des Santa-Clara-Ordens ein; der Konvent blieb insgesamt 240 Jahre an diesem Ort.

Diese lange Vergangenheit rückte das Hotel in den 90er-Jahren des 20. Jahrhunderts ins Rampenlicht: Der kolumbianische Autor und Literaturnobelpreisträger **Gabriel García Márquez** siedelte im Kloster Santa Clara seinen Roman *Von der Liebe und anderen Dämonen* an. Hier wird die zwölfjährige Sierva María nach einem Hundebiss inhaftiert, weil sie angeblich vom Teufel besessen sein soll. Pater Cayetano Delaura, eigentlich abgesandt, um ihr die Dämonen auszutreiben, verliebt sich in das Mädchen. Es beginnt eine unglückliche, heimliche Beziehung zwischen den beiden, die der Pater mit der Versetzung in ein Lepra-Krankenhaus bezahlen muss. Und María schließlich mit dem Leben.

García Márquez erklärt in seinem Vorwort, er sei im Oktober 1949 als junger Journalist bei der Freilegung der Gebeine Sierva Marías im Kloster Santa Clara dabei gewesen. 2010 erschien auch ein in Kolumbien produzierter Film auf Grundlage seines Romans. Der einstige Konvent von Santa Clara, er war plötzlich in aller Munde. Zu dieser Zeit war die Anlage längst kein Kloster mehr. 1861 zwang die Regierung den Orden zur Aufgabe der Räumlichkeiten, es zogen stattdessen andere Institutionen ein – unter anderem ein Zuchthaus und eine Medizinschule. Der Komplex wurde zunehmend baufällig und erlebte mehrere wechselnde Nutzungen.

1987 kam das einstige Kloster schließlich unter den Hammer: Eine Gruppe kolumbianischer Investoren ersteigerte die Anlage, um daraus ein Hotel zu entwickeln. An dieser einzigartigen Position mit Blick auf die karibische See versprachen sie sich ein angemessenes Domizil für luxusverwöhnte Touristen errichten zu können. Die Arbeiten begannen 1991, dabei wurden aufgrund der langen Vergangenheit der Anlage auch immer wieder zahlreiche archäologische Funde zutage gefördert. Diese sind heute zum Teil im Hotel ausgestellt.

Im Oktober 1995 eröffnete schließlich in den alten Klostermauern das Sofitel Legend Santa Clara unter der Regie des französischen Accor-Konzerns – gerade rechtzeitig für den in unregelmäßigen Abständen und an wechselnden Orten stattfindenden Gipfel der Bewegung der Blockfreier Staaten. Diese Gemeinschaft wurde bereits 1961 gegründet, um der zunehmenden Polarisierung der Weltgemeinschaft durch die beiden gegnerischen Staatenbünde Warschauer Pakt und Nato etwas entgegenzusetzen. Inzwischen sind rund 120 Staaten Mitglied dieser Bewegung.

Trotz umfangreicher Modernisierung – samt Pool und Spa-Bereich – strahlt das Hotel bis heute den dezenten Prunk der alten Kolonialarchitektur aus. Unter Kolonnaden können Gäste von der Sonne geschützt auf den grünen Innenhof blicken, über sich die behäbig rotierenden Deckenventilatoren. Das Restaurant 1621, benannt nach dem Baujahr des Komplexes, ist passenderweise im früheren Speisesaal der Nonnen untergebracht.

Das Hotel gehört – da es sich innerhalb der historischen Stadtmauern von Cartagena de Indias befindet – inzwischen zum Welterbe der Unesco. Und die ganze Altstadt zählt auch zu den Höhepunkten Kolumbiens, gilt sie doch als eine der schönsten Kolonialstädte Südamerikas.

ADRESSE	Sofitel Legend Santa Clara, Calle Del Torno 39–29, Barrio San Diego, Cartagena, Kolumbien, www.sofitel-legend.com/cartagena/en
ZIMMER	122
STERNE	5
BAUJAHR	1621
BERÜHMTE GÄSTE	Mel Gibson (Schauspieler), Francis Ford Coppola (Regisseur), Bill Clinton (Politiker), Gloria Estefan (Musikerin)
DO IT YOURSELF	Wer noch tiefer in die Hintergründe des Romans *Von der Liebe und anderen Dämonen* eindringen möchte, kann sich aufmachen zum Haus des Autors – es liegt unweit des Hotels.

8 Arcona Living Batschari 8, Baden-Baden
Wo Europas erste Zigarettenfabrik entstand

Ein schwerer, süßlicher Duft muss einst in der Luft gelegen haben, wo heute tagein, tagaus Hotelgäste einchecken: Von 1908 an fertigte **August Batschari** im Zentrum Baden-Badens in großem Stil Zigaretten. Sein Unternehmen – ursprünglich bereits 1834 an anderer Stelle des Kurortes gegründet – gilt heute als erste Zigarettenfabrik Europas. Der Betrieb zwischen Balzenberg- und Mozartstraße, unweit des Festspielhauses, bescherte der beschaulichen Stadt industrielle Bedeutung. Und er wurde zum größten Arbeitgeber der Region.

Mehr als 800 Mitarbeiter beschäftigte das unter dem Kürzel ABC (für August Batschari Cigaretten) firmierende Unternehmen, später verdoppelte sich diese Zahl noch einmal. Die Produktion steigerte sich von ursprünglich 110.000 Zigaretten am Tag auf zuletzt mehr als drei Millionen. Marken wie »Mercedes« waren über eigene Verkaufsstellen auch in anderen Ländern erhältlich – selbst in New York. Die Reklameschilder Batscharis sind bis heute begehrte Sammlerstücke. Das neoklassizistische Fabrikgebäude und das ganze Unternehmen prägten die Kurstadt wesentlich.

Doch der Erfolg war nicht von Dauer: Die Wirtschaftskrise des frühen 20. Jahrhunderts und die damit einhergehenden erheblichen Steuererhöhungen ruinierten Batscharis Unternehmen. Bereits 1923 geriet es in wirtschaftliche Schieflage, weil sich hohe Steuerschulden summiert hatten. 1929 schließlich übernahm Marktführer Reemtsma die Fabrik. Dieser ließ noch bis in den Zweiten Weltkrieg hinein hier in Baden-Baden produzieren, dann war Schluss mit dem süßlichen Duft. Lediglich die Marke »Mercedes« führte Reemtsma bis 1965 weiter, hergestellt wurden diese Zigaretten jedoch dann in anderen Werken.

Die Bundeswehr nutzte Batscharis Komplex nach dem Zweiten Weltkrieg bis 2004 als Wehrbereichsbekleidungsamt, dann lag es erneut brach. Über Jahre suchte die Bundesvermögensverwaltung einen Käufer für dieses städtebauliche, denkmalgeschützte Filetstück. Das Batschari Palais, 18.000 Quadratmeter Fläche inmitten der Kurstadt, wartete auf eine sinnvolle Nutzung, um nicht womöglich von der Abrissbirne bedroht zu werden.

Erst 2008 zog ein Hotel zumindest in einen Teil des Komplexes ein – in Erinnerung an die Geschichte des Hauses trägt es den Namen Batschari. 69 Zimmer belegt es in dem von Grund auf restaurierten Gebäudeensemble, aus dem Rest sind Wohnungen geworden. Im Jahr 2012 übernahm die Rostocker Arcona-Gruppe den Betrieb des Hotels. Sie pachtete es für zunächst zehn Jahre. Vor allem eines erinnert übrigens noch an die Vergangenheit als Fabrik: Trotz des überall fortschreitenden Nichtrauchertrends gibt es im Batschari bis heute eine Reihe von Zimmern, in denen ausdrücklich geraucht werden darf. Wo, wenn nicht hier ...

ADRESSE	Arcona Living Batschari 8, Mozartstraße 8, Baden-Baden, Deutschland, http://batschari8.arcona.de
ZIMMER	69
STERNE	4
BAUJAHR	1908
BERÜHMTE GÄSTE	Das Hotel macht dazu keine Angaben.
DO IT YOURSELF	Die Batschari Suite, ein 48 Quadratmeter großer Raum, ist im alten Direktionszimmer der Zigarettenfabrik untergebracht. Es ist ganz im Stil des frühen 20. Jahrhunderts gehalten.

9 Kaiserhof Victoria, Bad Kissingen
Wo sich der europäische Adel traf

Es war ein königlich-kaiserlicher Auflauf sondergleichen: Im Jahr 1864 reisten in Bad Kissingen nicht nur die Kaiserpaare von Österreich und Ungarn an, sie erhielten auch noch Gesellschaft von **König Karl** und **Königin Olga** aus Württemberg, der Königin von Neapel sowie **König Ludwig II.** von Bayern. Noch im selben Jahr reihten sich Fürsten, Prinzen und Großherzoge aus anderen Gebieten Europas in die Gästeliste ein. Nie zuvor hatte die Stadt – wie wohl die meisten anderen Orte – eine solche Häufung von Herrschern erlebt.

Bad Kissingen wurde zu jener Zeit eines der beliebtesten Kurziele des europäischen Hochadels. Und wer aus diesen Kreisen anreiste, der nächtigte in der Regel im Kaiserhof Victoria, das damals noch in zwei Häuser geteilt war: das Hotel Kaiser (entstanden 1839) sowie das Hotel Karl von Hess (1835). Adelige und Schriftsteller, Staatschefs und Unternehmer – sie alle zog es früher oder später hierher auf der Suche nach Entspannung.

1888 wurden beide Häuser zu einem Hotel verbunden: dem Victoria & Kaiserhof. Die Nachfrage der Gäste war zunächst ungebrochen – bis dem Hotel im 20. Jahrhundert eine Reihe von Ereignissen stark zusetzte. Die Weltwirtschaftskrise wirkte sich aus, vor allem die beiden Weltkriege. Doch auch der Hochadel verschwand zunehmend. Nach der Gründung der Sowjetunion und dem damit einhergehenden Zusammenbruch des russischen Zarenreiches reduzierte sich die Zahl potenzieller Gäste aus dem Osten. Die Ausbreitung sozialistischer Regime in Osteuropa tat ihr Übriges.

Das Hotel Victoria & Kaiserhof wandelte sich – sogar mehrfach – grundlegend: Während des Zweiten Weltkrieges wurde es zum Altenheim umfunktioniert, belegt mit Senioren aus evakuierten Häusern im Ruhrgebiet. Anschließend wurde es wieder zum Hotel und ging 1981 in den Bestand der Arbeiterwohlfahrt Unterfranken über. Der Verband sanierte das Gebäude und machte den Kaiserhof Victoria zum Luxushotel. Ein Belegungsvertrag mit der Bundesversicherungsanstalt für Angestellte sicherte ihm zunächst regelmäßige Einnahmen. Nachdem dieser auslief, wurde es wieder eng.

Ein neuer Investor baute das Hotel 1992 zu einer Rheuma-Fachklinik aus. Das funktionierte auch gut – bis die strengen Regeln der Gesundheitsreform das Geschäft erneut beeinträchtigten. Im Jahr 2008 wurde der Komplex wieder das, wofür er mal gebaut worden war: ein Luxushotel. Die zahlreichen Umnutzungen gingen jedoch nicht spurlos an dem Gebäude vorbei. So verschwand in den 90er-Jahren im Zuge eines Umbaus die 1900 erbaute Remise aus dem Park – doch noch immer versprüht das Hotel den Charme seiner Gründungsjahre.

ADRESSE	Kaiserhof Victoria, Am Kurgarten 5–6, Bad Kissingen, Deutschland, www.kaiserhof-victoria.de
ZIMMER	160
STERNE	4
BAUJAHR	1836/40
BERÜHMTE GÄSTE	Leo Tolstoi (Schriftsteller), Otto von Bismarck (Politiker), Franz Joseph und Elisabeth (»Sisi«) von Österreich-Ungarn
DO IT YOURSELF	Bad Kissingen ist nach wie vor ein Kurbad mit vielen Möglichkeiten für Anwendungen.

10 Hotel Vier Jahreszeiten Kempinski, München
Wo sich ein König selbst verewigte

Mit der Maximilianstraße hat sich der bayerische **König Maximilian II.** ein Denkmal gesetzt. Er wollte einen Prachtboulevard haben, etwas in der Stadt nie zuvor Dagewesenes. Dadurch, so hoffte Maximilian II. offenbar, könnte er sich von einem Vater **Ludwig I.** absetzen, der zeit seines Lebens als eifriger Bauherr in Erscheinung getreten war – nicht zuletzt durch die Münchener Ludwigstraße. Sein Sohn und Nachfolger wollte dem in nichts nachstehen: Unter der Obhut von Architekt **Friedrich Bürklein** entstanden sämtliche Gebäude der Maximilianstraße aus einem Guss – einem Mischmasch unterschiedlicher Architekturstile mit einem Schwerpunkt auf der Neugotik. Einige wenige Bauten durfte Bürklein indes nicht entwerfen, darunter ein neues Aushängeschild Münchens: das Hotel Vier Jahreszeiten.

Es sollte ein nobles Haus werden, das »schönste Hotel der Stadt«, wie es Maximilian II. selbst beauftragte. Schließlich gab es bereits ein Luxushotel vor Ort, den Bayerischen Hof. Der war jedoch in der Zeit Ludwigs I. gebaut worden. Auch davon wollte sich Maximilian II. absetzen.

Dem Architekten **Rudolf Gottgetreu** übertrug der König diese wichtige Aufgabe. Schließlich galt es einen Spagat zu überwinden: Das neue Hotel musste prachtvoll sein, durfte aber selbstverständlich nicht den Pomp der königlichen Residenz übertreffen, an der die Maximilianstraße bis heute beginnt.

Gottgetreu plante die eindrucksvolle Architektur, die sich perfekt in das übrige Ensemble des neuen Boulevards einfügte, außerdem die noble Innenausstattung mit einer besonders stilvollen Möblierung. Dazu kam der jüngste Stand der Technik: Elektrizität, fließend Wasser, Gasbeleuchtung in allen Zimmern – noch im 19. Jahrhundert folgten sogar elektrische Leuchten sowie Paternoster. All dies war zur damaligen Zeit alles andere als selbstverständlich.

Am 25. Juli 1858 wurde das Hotel Vier Jahreszeiten eröffnet – und es zog schnell, wie erhofft, die exquisite Gesellschaft an. Staatschefs aus aller Welt stiegen hier ab, Schauspieler und Musiker von Rang und Namen. So ist es bis heute geblieben: Nach wie vor gilt das Hotel Vier Jahreszeiten mit seiner Kombination aus Tradition und Moderne als eines der besten Häuser am Platze. Nur einer kam nie: Maximilians Vater Ludwig I. Er lehnte es, so die Überlieferung, ab, das im Auftrag seines Sohnes entworfene Hotel zu betreten. Im Jahr 1848 hatte er zugunsten von Maximilian abdanken müssen – er starb jedoch erst 1868.

Mehrfach wurde der Originalbau Gottgetreus in den vergangenen Jahrzehnten modifiziert. Während des Zweiten Weltkrieges wurde das Gebäude stark beschädigt, große Teile brannten vollständig aus. Nach dem Wiederaufbau erforderten die Olympischen Spiele 1972 eine deutliche Ausweitung der Zimmerkapazitäten: Aus den damals rund 180 Räumen wurden gut 300. Mehrfach folgten auch anschließend Modernisierungen, zuletzt im Juni 2012. Seit den 70er-Jahren gehört das Hotel zur Kempinski-Gruppe.

ADRESSE	Hotel Vier Jahreszeiten Kempinski, Maximilianstraße 17, München, Deutschland, www.kempinski.com/munich
ZIMMER	303
STERNE	5
BAUJAHR	1858

BERÜHMTE GÄSTE Andy Warhol (Künstler), Tina Turner, Robbie Williams (Musiker), Sean Connery (Schauspieler)

DO IT YOURSELF Im Restaurant VUE Maximilian lebt die Erinnerung an König Maximilian II. weiter.

11 Courthouse Doubletree, London
Wo Mick Jagger vor Gericht stand

In manchen Gebäuden gehen die Berühmtheiten ein und aus – und das nicht immer ganz freiwillig. Der Komplex in der Londoner Great Marlborough Street 19 bis 21 ist solch ein Fall. **Mick Jagger** war schon hier unweit der belebten Regent Street, **John Lennon** und **Keith Richards** ebenfalls. Selbst **Napoleon** soll einst in diesem Gebäude gesehen worden sein. Denn in der Great Marlborough Street 19 bis 21 befand sich bis zum Jahr 2000 das Magistrate's Court, eine Art Amtsgericht. Heute ist es ein Hotel, das Courthouse Doubletree.

1969 wurde Mick Jagger hier zu 200 Pfund verurteilt, weil er in Besitz von Cannabis gewesen sein soll. Keith Richards war 1973 angeklagt wegen Besitzes von Marihuana, Heroin, Mandrax sowie zweier Waffen, für die er keine Lizenz besaß. Ein Verfahren gegen John Lennon wegen Ausstellens obszöner Bilder wurde hingegen 1970 eingestellt. Napoleon Bonaparte musste 1847 – damals noch im Vorgängergebäude – als Zeuge in einem Betrugsprozess aussagen.

Für **Oscar Wilde** endete der Gang vor Gericht in unvorhergesehener Weise: Der Autor verklagte den 9. Marquess von Queensberry 1895 wegen Verleumdung. Queensberry, Vater von Lord Alfred Douglas, einem langjährigen Freund Wildes, hatte den Schriftsteller als »posierenden Sodomiten« bezeichnet. Der Kläger wurde jedoch zum Angeklagten, als während des Prozesses herauskam, dass Wilde sexuellen Kontakt zu jungen Männern aus der Unterschicht pflegte. Queensberry wurde für nicht schuldig befunden, Wilde hingegen zu zwei Jahren Zuchthaus mit schwerer Zwangsarbeit verurteilt.

Ein weiterer Autor kannte das Magistrate's Court gut – wenn auch aus anderen Gründen: **Charles Dickens** arbeitete hier 1835 als Journalist für den *Morning Chronicle*, kurz bevor seine ersten Romane erschienen.

Der Komplex gilt heute als zweitältestes Gerichtsgebäude des Vereinigten Königreichs. Vorgängergebäude mit gleichem Zweck soll es hier bereits im 18. Jahrhundert gegeben haben.

Inzwischen muss man bei einem Besuch des Magistrate's Court aber weder Zuchthaus noch Geldstrafen fürchten – die Justiz verließ die Great Marlborough Street im Jahr 2000. Nach umfangreichen Umbauarbeiten eröffnete in den bedeutenden Mauern 2005 das Courthouse Hotel, ein luxuriöses Haus, das inzwischen zur Doubletree-Sparte von Hilton gehört. Beim Ausbau wurde die bedeutende Vergangenheit berücksichtigt – so sind unter anderem drei der Haftzellen erhalten geblieben. Sie gehören heute zur Hotelbar.

Etliche Berühmtheiten kommen übrigens nach wie vor – wenn auch inzwischen freiwillig für eine Übernachtung. Und ohne harte Urteile.

ADRESSE	Courthouse Doubletree, 19–21 Great Marlborough Street, London, Großbritannien, www.courthouse-hotel.com
ZIMMER	112
STERNE	5
BAUJAHR	1912 (Umbau zum Hotel 2005)
BERÜHMTE GÄSTE	Bill Gates (Unternehmer), Kaiser Chiefs (Band), Goldie Hawn, Daniel Craig (Schauspieler)
DO IT YOURSELF	Das Silk-Restaurant ist im alten Gerichtssaal Nummer eins untergebracht – die Einrichtung wurde größtenteils beibehalten.

12 Malmaison, Oxford
Wo schwedische Gardinen hingen

Es kommt selten vor, dass sich Leute freiwillig in ein Gefängnis begeben – und dafür auch noch Geld bezahlen. Das Malmaison in Oxford aber lebt ganz gut von einer solchen Klientel. Das Hotel nutzt das frühere Gefängnis der Stadt unweit der berühmten Universität für seinen Betrieb. Und weil die Mauern größtenteils unter Denkmalschutz stehen, ist innen vieles so erhalten geblieben, wie es zu Zeiten als Haftanstalt gewesen ist. Einer Haftanstalt mit langer Tradition.

Im Jahr 1071 wurde auf dem heutigen Gelände des Malmaison zunächst ein Schloss gebaut. Über Jahrhunderte nutzten es Könige und Gäste, eine Zeit lang auch das altehrwürdige Christ Church College, bis schließlich ein Gefängnis einzog. Der heutige Komplex entstand von 1785 an und sollte eine Haftunterbringung nach damaligem Standard ermöglichen. Das Wachhaus wurde zuerst gebaut, heute beinhaltet es die Bar und Brasserie sowie die Zimmer 101 bis 139 des Malmaison. Die C- und D-Flügel folgten, außerdem der Schuldnerturm sowie der St.-Georg-Turm (in dem heute das Castle Heritage Centre untergebracht ist). 1788 entstand das »House of Correction« mit getrennten Männer- und Frauenzellen (Zimmer 501 bis 517). 1848 schließlich entwarf **Benjamin Ferrey** das Governor's House (Zimmer 301 bis 312). Das neue Gefängnis von Oxford bot Platz für 350 Männer und 50 Frauen. Von 1878 an erhielt den offiziellen Namen »HM Prison Oxford«, das Gefängnis Ihrer Majestät. Offenbar mit großer Nachfrage: Nach dem Zweiten Weltkrieg stieg der Bedarf an Zellen rapide an. 1967, so ist Aufzeichnungen zu entnehmen, beherbergte das Gefängnis mehr als doppelt so viele Insassen wie eigentlich vorgesehen. Und im C-Flügel wurden noch im Jahr 1950 Todesurteile vollstreckt.

Erst 1996 schloss das königliche Gefängnis von Oxford. Die Regierung erachtete es als zu teuer, den in die Jahre gekommenen Bau auf den aktuellen Standard umzubauen. Für 9.000 Pfund verkaufte sie es an die Verwaltung der Grafschaft Oxfordshire. 2003 begann man mit der Sanierung, die erst zur Jahreswende 2005/2006 abgeschlossen war. Seitdem lädt das Malmaison, Teil einer Kette britischer Boutiquehotels, zum Übernachten hinter den historischen Mauern ein. Nach heutigen Gesichtspunkten wäre die rundum modernisierte Hotelanlage schätzungsweise 30 Millionen Pfund wert.

Immer wieder zog es auch Filmteams in die einzigartige Kulisse – unter anderem entstanden hier Szenen für *Spy Game – Der finale Countdown*, *102 Dalmatiner* und *Charlie staubt Millionen ab* mit **Michael Caine**. Sie alle wurden jedoch vor dem Umbau zum Hotel gedreht – und nach Schließung des Gefängnisses.

ADRESSE	Malmaison, Oxford Castle, 3 New Road, Oxford, Großbritannien, www.malmaison.com/locations/oxford
ZIMMER	95
STERNE	4
BAUJAHR	1785
BERÜHMTE GÄSTE	Dazu macht das Hotel keine Angaben.
DO IT YOURSELF	Im Zellenflügel sind die Zimmer noch in den alten Haftzellen untergebracht – wenn auch inzwischen mit deutlich mehr Komfort als zu Gefängniszeiten. Eine Originalzelle besteht noch im A-Flügel – das Hotel zeigt sie auf Nachfrage.

13 Hotel auf der Wartburg, Eisenach
Wo schon Luther lebte

Viele Geschichten kursieren über den Aufenthalt **Martin Luthers** auf der Wartburg. In nur elf Wochen soll der Reformator zwischen 1521 und 1522 das Neue Testament ins Deutsche übersetzt haben. Als »Junker Jörg« getarnt hielt er sich zu dieser Zeit in der Anlage hoch über dem thüringischen Eisenach auf. Mit seinen Thesen hatte er sich nicht nur Freunde gemacht.

Vor allem zu Zeiten der DDR wurde eine Legende gepflegt, wonach Luther mit einem Tintenfass nach dem Teufel geworfen habe. Gläubige pilgerten – und tun dies noch heute – auf die Wartburg, um Luthers spartanisches Zimmer zu sehen und den regelmäßig nachgemalten Tintenfleck an der Wand. Inzwischen wird diese Art von Restaurierung nicht mehr gepflegt, denn mehr und mehr Experten vermuteten, dass der Tintenfleck ursprünglich gar keiner war, sondern es sich vielmehr um Ruß eines kleinen Ofens handelte.

Über Jahrhunderte zog es Christen auf die Wartburg auf den Spuren Martin Luthers. Was liegt da näher, als ihnen auch eine Übernachtungsmöglichkeit zu bieten? Das Hotel auf der Wartburg beziehungsweise der Gasthof für fröhliche Leut, wie es früher hieß, beherbergt seit gut 100 Jahren Gäste in unmittelbarer Nähe zum einstigen Domizil des Reformers. Heutzutage fällt es kaum noch auf, dass der Hotelbereich im Grunde sehr viel jünger ist als der Rest des Weltkulturerbes: Beides bildet ein Ensemble auf dem Felsen der Wartburg.

Die heutige Popularität der Wartburg ist dem früheren Eigentümer Großherzog **Carl Alexander von Sachsen-Weimar-**

Eisenach zu verdanken und dem Gießener Architekten **Hugo von Ritgen**. Sie restaurierten das Gebäudeensemble – und dies mit Erfolg. Die Zahl der Gäste wuchs beharrlich. Schon um 1860 gab es auf der Wartburg einen Gasthof, dem Andrang der Pilger konnte er jedoch irgendwann nicht mehr standhalten. Deswegen entschloss man sich 1912, ihn durch ein Hotel zu ersetzen. Der Berliner Architekt **Bodo Ebhardt** plante den Neubau, für den dasselbe Material wie für den Rest der Burg verwendet wurde: rotbrauner Stein aus der Umgebung. 1914 schließlich eröffnete das Hotel auf der Wartburg, ganz malerisch auf einem Felsvorsprung.

Während der DDR-Zeit firmierte das Hotel unter dem staatlichen HO-Label. Auch zu dieser Zeit erfreute sich die Burg regen Interesses, selbst von Reisenden aus dem Westen Deutschlands. So gehörte sie später auch für Studienfahrten westdeutscher Schulklassen zum festen Besuchsprogramm, wenngleich diese zum Übernachten in einer Jugendherberge am Fuße des Berges unterkamen. Für DDR-Bürger war die Burg zugleich durch ihren Namen im Alltag allgegenwärtig: Wartburg lautete auch der Name eines Automobilwerkes in Eisenach, das bis April 1991 eine im Vergleich zum Trabant etwas noblere Karosse fertigte. Dann übernahm Opel den Betrieb – und die stolze Automarke der Stadt verschwand in den Geschichtsbüchern.

Auch nach dem Fall der Mauer blieb die Burg ein wichtiger Tourismusfaktor Thüringens. 1994 und 2001 wurde das dazugehörige Hotel renoviert. Nach der Jahrtausendwende übernahm die Arcona-Kette die Leitung. Seit 2004 trägt das Haus durch den Neubau eines Vitalbereichs einen fünften Stern.

ADRESSE   Hotel auf der Wartburg, Auf der Wartburg 2, Eisenach, Deutschland, www.wartburghotel.de

ZIMMER	36
STERNE	5
BAUJAHR	1912 (Hotel)
BERÜHMTE GÄSTE	Nana Mouskouri, Udo Lindenberg (Musiker), Joachim Gauck (Bundespräsident)
DO IT YOURSELF	Ganz so spartanisch wie einst Luther können Gäste heute auf der Wartburg nicht mehr übernachten – doch die Einzelzimmer im Hotel orientieren sich am Zimmer des Reformers. Deswegen tragen sie seinen Namen.

14 Waldorf Astoria, Schanghai
Wo die längste Bar der Welt stand

Es lässt sich nur darüber spekulieren, weshalb ausgerechnet im exklusivsten Club Schanghais die zeitweise längste Bar der Welt stand. Eigentlich sollte der »Shanghai Club« ein Ort sein, an dem sich britische Staatsbürger in der chinesischen Metropole zwanglos austauschen konnten, Zeitung lesen, vielleicht Kontakte knüpfen, gemeinsam dinieren, selbstverständlich rein unter Männern. Denn Damen war der Zutritt – wie in allen englischen Gentlemen Clubs jener Zeit – streng untersagt. Genau hier in der zweiten Etage des Clubs befand sich die Long Bar, die ihrem Namen alle Ehre machte.

Der L-förmige Tresen, der komplett aus unpoliertem Mahagoniholz gebaut war, maß an seiner längsten Seite rund 34 Meter, an der kurzen immerhin 12 Meter. Der britische Künstler **Sir Noël Coward** sagte Jahre später, er könne die Krümmung der Erde sehen, wenn er seine Wange auf die Theke lege. Es heißt, es habe sogar eine soziale Differenzierung gegeben: Während Manager an der kurzen Seite des »L« Platz nahmen und dort den Ausblick auf den Huang Pu River genossen, fiel das soziale Ansehen der Gäste, je weiter sie sich davon entfernt platzierten. Die Mitgliedschaft unterlag jedoch ohnehin strengen Auflagen: Ausschließlich Herren weißer Hautfarbe wurden akzeptiert, die zudem einer hohen sozialen Schicht angehören mussten. Selbst wer am äußersten Ende der Theke Platz nahm, verfügte also mutmaßlich über ein Jahreseinkommen, von dem andere Bewohner Schanghais nur träumen konnten.

Ein minimaler Kreditrahmen ist auch heute noch hilfreich, wenn man die Long Bar aufsucht – generell kann dies aber inzwischen jedermann tun. Und jede Frau. Denn der »Shanghai Club« ist heute Teil des Waldorf Astoria in der chinesischen Millionenstadt, dem ersten Ableger der New Yorker Hotellegende in Asien. Ergänzt um einen 20-geschossigen Turm bietet das Haus seit 2011 252 Hotelzimmer. Mit viel Liebe zum Detail ist der Kolonialbau restauriert worden, neben der Long Bar gibt es nun auch einen Teesalon im alten Lesesaal des Gentlemen's Club, außerdem ausgewählte Suiten. Die heutige Bar ist nach alten Fotos rekonstruiert worden, denn das Original hat man im Laufe der Jahrzehnte entfernt.

An der Stelle des »Shanghai Club« gab es bereits ab 1861 einen Treffpunkt für britische Bewohner der Stadt, zunächst noch unter dem Namen »The Correspondent's Club«. 1905 beschloss man, ein neues Gebäude zu bauen – das heutige Haus im kolonialen Stil wurde 1910 eröffnet. Seitdem avancierte der Club zum exklusivsten Schanghais. Während des Zweiten Weltkrieges besetzte die japanische Armee das Gebäude, 1949 schließlich richtete die kommunistische Regierung Chinas darin eine Anlaufstelle für auswärtige Seeleute ein. Erst 1971 wurde der einstige »Shanghai Club« zum Hotel umfunktioniert, zunächst aber noch unter dem Namen Dongfeng. Der Betrieb wurde 1996 geschlossen. Erst 2009 übernahm ihn die Hilton-Gruppe, die den Komplex samt Anbau zum Waldorf Astoria umbaute.

ADRESSE	Waldorf Astoria, No. 2 Zhongshan Dong Yi Road, Schanghai, China, www.waldorfastoriashanghai.com/english
ZIMMER	252
STERNE	5
BAUJAHR	1910 (Waldorf Astoria 2011)

Elton John (Musiker)

Die Long Bar ist mit viel Aufwand wieder in ihren ursprünglichen Zustand zurückversetzt worden – nur Klassenunterschiede spielen heute keine Rolle mehr.

III. INNOVATIONEN UND INNOVATIVES

Raffles, Singapur
Wo Singapur einen eigenen Cocktail bekam

Ein Besuch des Singapurer Raffles-Hotels ist beinahe so etwas wie eine Zeitreise: Ein Hauch von Kolonialzeit weht Gästen entgegen, sobald sie sich dem Grundstück nähern. Inmitten einer ansonsten fast vollständig neu gebauten Innenstadt hat sich das Raffles ein Stück Vergangenheit bewahrt. Tradition verpflichtet eben.

Dazu gehört auch eine vor allem für Singapur recht ungewöhnliche Praxis: In der Long Bar des Hotels ist der Fußboden über und über mit Erdnussschalen bedeckt. Die Barkeeper reichen Nüsse zu den Getränken – und die Schalen dürfen nach dem Pulen einfach auf den Boden geworfen werden. Das macht hier jeder so. In einem fast schon klinisch reinen Stadtstaat aber, in dem bereits das Austreten einer Zigarette auf dem Gehweg gut und gern 5.000 Dollar Strafe kosten kann, ist das eine überaus erstaunliche Tradition. Der Grund dafür liegt weit zurück: Zu Beginn des 20. Jahrhunderts reisten Farmer von außerhalb immer an den Wochenenden in die Stadt, um in der Long Bar zu trinken. Von ihren Feldern waren sie es gewohnt, Abfall einfach auf die Erde zu werfen – und das wollten sie sich für einen Ausflug in die Stadt nicht eigens abgewöhnen.

Die Long Bar – heute im zweiten Stock untergebracht, ursprünglich aber als Erdgeschossbar eröffnet – ist der wohl beste Ort, um mit der Erkundung des altehrwürdigen Hotels zu beginnen. Schließlich wurde hier ein Getränk erfunden, das heute in aller Welt zu haben ist, selbst an Bord der Flugzeuge von Singapore Airlines: der Singapore Sling, ein rosafarbener Cocktail, bestehend unter anderem aus Gin, Kirschlikör und Bénédictine.

Der chinesische Barkeeper **Ngiam Tong Boon** hat den Misch-masch zu Beginn des 20. Jahrhunderts erfunden – eigentlich, um auch Frauen in die damals von Männern dominierte Bar zu locken. Doch längst ist der fruchtig-süße Cocktail zu einem Getränk geworden, das Besuchern beider Geschlechter schmeckt. Deswegen ist er auch in den meisten Cocktail-Rezeptbüchern zu finden.

Viele Besucher kommen inzwischen vor allem für einen Singapore Sling an dessen Geburtsort – denn was Übernachtungsgäste angeht, hat sich das Haus inzwischen mit einer großen Anzahl an Suiten vor allem auf zahlungskräftige Kunden eingestellt. Das Raffles ist eine Oase im Hochhausmeer von Singapur. Als einer der wenigen Bauten aus der britischen Kolonialzeit hat es dem Drang zu immer neuen, immer höheren Gebäuden standhalten können.

Vier Brüder eröffneten das Raffles im Jahr 1888, das damals noch in einem kleinen beschaulichen Bungalow mit zehn Zimmern untergebracht war. Über die Jahre wurde es immer wieder erweitert. Zuletzt vergrößerte es ein neuer Besitzer 1991 um fast die doppelte Fläche – architektonisch alles so streng am alten Kern orientiert, dass man heute den Unterschied nicht sieht. Die Regierung von Singapur erklärte das Raffles 1987 zum Nationaldenkmal.

Eine viel beschriebene Legende über das Hotel entspricht übrigens nicht ganz den Tatsachen: Es heißt oft, im Raffles sei 1902 der letzte wilde Tiger von Singapur erlegt worden. In der Tat wurde damals auf dem Gelände unterhalb des erhöht gebauten Billardraumes ein solches Tier erschossen – doch es entstammte einem Zirkus, der zu dieser Zeit in Singapur gastierte, und war zuvor ausgebrochen. So wild war er also gar nicht – schon damals gab es auf der Insel längst keine frei lebenden Tiger mehr.

Das Originalrezept des **Singapore Sling**

30 ml	Gin
15 ml	Kirschlikör
120 ml	Ananassaft
15 ml	Zitronensaft
7,5 ml	Cointreau
7,5 ml	Bénédictine
10 ml	Grenadine
1 Spritzer	Angosturabitter

Mit einem Stück Ananas und einer Kirsche servieren.

ADRESSE	Raffles, 1 Beach Road, Singapur, www.raffles.com/singapore
ZIMMER	103
STERNE	5
BAUJAHR	1888 (Erweiterung 1991)
BERÜHMTE GÄSTE	Charlie Chaplin (Schauspieler), Königin Elizabeth II. (Staatsoberhaupt), Hermann Hesse (Schriftsteller)
DO IT YOURSELF	Ein Singapore Sling in der Long Bar ist ein Muss.

2 Hotel Sacher, Wien
Wo eine Torte Weltruhm erlangte

Wir müssen an dieser Stelle mit einem alten Irrglauben aufräumen, denn: Am Anfang war die Torte. Jenes schrecklich süße mit Marillenmarmelade gefüllte Schokoladenkunstwerk, das in aller Welt unter dem Namen Sachertorte bekannt ist, gibt es tatsächlich schon sehr viel länger als das gleichnamige Hotel in Wien. Es war im Jahr 1832, als der gerade einmal 16 Jahre alte Kochlehrling **Franz Sacher** am Hof des Fürsten Metternich beauftragt wurde, ein besonders gut schmeckendes Dessert für die Gäste des Hauses zu kreieren. Er tat, wie ihm aufgetragen war – und erfand kurzerhand seine bald schon legendäre Torte.

Bis heute wird diese Wiener Traditionsspeise in Handarbeit zubereitet, nach ebenjenem Rezept aus dem Jahr 1832. Und bis heute sind die exakten Zutaten ein Geheimnis des Hauses – bekannt ist lediglich, dass es sich um eine Schokoladentorte handelt, die von Hand mit Marillenmarmelade gefüllt und anschließend mit Kuvertüre überzogen wird. Welche Sorten, welche Mengen? Das weiß man nur in der Backstube des Hotel Sacher. Dabei entsteht die dunkle Torte heutzutage an etlichen Orten Österreichs, und das Original kann vom Hotel Sacher per Internet aus aller Welt bestellt werden. Rund 360.000 Stück werden jährlich per Kurier versendet. Kenner schwören auf das Original: Nur dies, sagen viele, sei die echte wohlschmeckende Sachertorte. Alle anderen bestenfalls Schokoladentorten.

Für die Familie Sacher erwies sich die edle Süßspeise als so etwas wie ein Hauptgewinn: Franz Sacher eröffnete 1848 in Wien einen Feinkostladen, in dem wiederum seine Torte zum Verkaufsschlager wurde. Sein Sohn Eduard schließlich gründete 1876 das heutige Hotel gegenüber der Wiener Staatsoper. Es entstand in einem noch recht jungen Renaissancegebäude im ersten Bezirk, an einer Stelle, an der zuvor das Kärntnertortheater betrieben worden war. Von Beginn an zählte das Hotel – wie auch bereits der Feinkostladen– zu den besten Adressen Wiens. Deshalb wurde es auch schnell zum Hoflieferanten ernannt.

1880 heiratete **Eduard Sacher** die 21-jährige Anna, die 1892 nach dem Tod ihres Mannes das Kommando im Hotel übernahm. Damit begann die wohl bedeutendste Epoche des Nobelhauses. Anna soll den Betrieb mit Strenge geführt haben, kümmerte sich aber zugleich sorgsam um ihre Mitarbeiter, unter anderem mit einer Betriebskrankenkasse. »Der Herr im Haus bin ich!«, soll sie einst gesagt haben. Es ist Anna Sacher, der das Hotel seinen legendären Ruf verdankt. Legendär, so heißt es heute im Haus, sei auch ihre Vorliebe für Zigarren und Bulldoggen gewesen. Von beidem soll sie eine beachtliche Anzahl besessen haben.

Nach dem Tod **Anna Sacher**s ging das Hotel 1934 in Konkurs – es war bereits seit Jahren hoch verschuldet, wie sich erst dann herausstellte. Die Familie um den Anwalt **Hans Gürtler** erwarb gemeinsam mit der Familie Siller den Betrieb und rettete das Hotel vor dem Niedergang. Bis heute wird es von der Familie betrieben – heute von **Elisabeth Gürtler** und **Alexandra Winkler**.

Im Jahr 1945, kurz nach der Befreiung Wiens, geriet das Haus zunächst in sowjetische Hand, bald darauf unter britische Verwaltung. Der erste Wiener Bezirk wurde damals von den alliierten Streitkräften gemeinsam verwaltet. Dies soll, so eine Geschichte, auch zu einem Meilenstein der Filmgeschichte geführt haben. Der britische Schriftsteller **Graham Greene** hatte demnach hier im Hotel Sacher von einem britischen Offizier von den unterirdischen Gängen Wiens und einen Ring von Penizil-lin-Schiebern erfahren. Woraufhin er in der Bar des Hauses das Drehbuch zum Film *Der dritte Mann* skizzierte. Ob bei einem Stück Sachertorte? Das ist nicht überliefert.

ADRESSE	Hotel Sacher, Philharmonikerstraße 4, Wien, Österreich, www.sacher.com
ZIMMER	152
STERNE	5
BAUJAHR	1876
BERÜHMTE GÄSTE	Fürst Rainier III. von Monaco (Staatsoberhaupt), Grace Kelly (Fürstin und Schauspielerin), John F. Kennedy, Kofi Annan (Politiker), Herbert von Karajan (Dirigent)
DO IT YOURSELF	Man kann die berühmte Sachertorte heutzutage überall in Wien kaufen – doch wirklich original ist sie nur im gleichnamigen Hotel. Es gibt sie inzwischen in mehreren Größen, auch zum Mitnehmen.

3 Waldorf Astoria, New York
Wo der Waldorfsalat kreiert wurde

Zwei mittelgroße Äpfel und etwas Sellerie klein schneiden, dazu eine Portion guter Mayonnaise – fertig ist der Waldorfsalat. Zumindest jene Variante, die sich **Oscar Tschirky** Ende des 19. Jahrhunderts ausgedacht hat. Von Walnüssen, wie sie heute allerorten für diesen Salat verwendet werden, fehlt in seinem Originalrezept jede Spur. Tschirky war zu jener Zeit Restaurantchef des New Yorker Waldorf-Hotels – und er gilt als Erfinder des Waldorsalats.

Obwohl er angeblich gar nicht besonders gut kochen konnte, soll Tschirky immer wieder mit Rezeptvorschlägen an seine Köche herangetreten sein. Neben dem Waldorfsalat hat er demnach auch Eggs Benedict und das Thousand-Island-Dressing vielleicht nicht ganz erfunden, aber zumindest populär gemacht. 1896 schrieb der gebürtige Schweizer sogar ein Kochbuch, in dem ebenjener spezielle Salat enthalten war, der fortan Liebhaber in aller Welt finden sollte. Das mag in erster Linie an Tschirkys Arbeitgeber gelegen haben: Das Waldorf Hotel in Manhattan galt zu jener Zeit als eines der luxuriösesten Hotels der Welt. Wer will da nicht wissen, wie dort gekocht wird?

Bis heute konnte sich das Hotel in dieser herausragenden Position halten – auch wenn es den ursprünglichen Bau und auch den eigentlichen Namen nicht mehr gibt: Das 1893 an der Fifth Avenue von **William Waldorf Astor** eröffnete Waldorf Hotel fusionierte um die Jahrhundertwende mit dem benachbarten Astoria Hotel seines Cousins **John Jacob Astor IV**. Daraus entstand das Waldorf Astoria, das seinerzeit größte Hotel der Welt.

Der Verbindungsweg zwischen den beiden Hotels wurde Peacock Alley genannt und wurde bis vor wenigen Jahren im Logo durch einen Doppelstrich zwischen den beiden Hotelnamen gekennzeichnet: Waldorf=Astoria. Inzwischen aber gibt es ein neues Design – ganz ohne Strich.

Das heutige Waldorf Astoria hat mit jenem aus der Zeit Tschirkys nicht mehr viel zu tun: 1929 wurden beide Bauten abgerissen, um Platz für das Empire State Building zu machen. Somit kam es zum zwangsweisen Neubeginn: In der Park Avenue 301 bauten die Architekten Schultze and Weaver in unmittelbarer Nähe der Grand Central Station ein neues Waldorf-Astoria-Hotel – 47 Stockwerke hoch und luxuriöser als je zuvor. Und auch hier war Oscar Tschirky wieder als Restaurantchef dabei, inzwischen als »Oscar of the Waldorf« stadtbekannt.

Als Tschirky am 6. November 1950 starb, wehten vor dem Waldorf Astoria tagelang die Flaggen auf Halbmast. Zahlreiche Tageszeitungen druckten Nachrufe auf den Gastronomen ab. Bis heute lebt die Erinnerung an ihn in New York weiter – eines der Restaurants im Waldorf Astoria ist inzwischen nach dem einstigen Restaurantchef benannt: Oscar's Brasserie.

Noch etwas machte den Hotelneubau besonders: Er verfügt als vermutlich einziges Hotel der Welt über einen eigenen Bahnsteig. Dieser ist Teil der Grand Central Station und kann von den Gästen durch einen privaten unterirdischen Gang genutzt werden. Zumindest theoretisch – denn nur prominenten Gästen wie dem früheren US-Präsidenten **Franklin D. Roosevelt** wurde diese Ehre je zuteil. Ansonsten ist der Bahnsteig heute nicht mehr in Betrieb. Bei Politikern ist das Waldorf Astoria hingegen nach wie vor beliebt. Die US-Regierung unterhält sogar eine weitläufige Suite in der 41. Etage des Hotels als Sitz des US-Botschafters bei den Vereinten Nationen.

Mit der Gründerfamilie hat das Hotel indes nicht mehr viel zu tun: Seit 1949 ist das Waldorf Astoria im Besitz der Hilton-Gruppe. Die entwickelte daraus im Laufe der Jahre eine eigene Kette, weltweiter Luxushotels. Seit 2012 gibt es beispielsweise auch in Berlin ein Waldorf Astoria. Natürlich nur echt mit dem Waldorfsalat.

ADRESSE	Waldorf Astoria, 301 Park Avenue, New York, USA, www.waldorfnewyork.com/German
ZIMMER	1235
STERNE	5
BAUJAHR	1931 (Vorgängerbauten 1893/1897)
BERÜHMTE GÄSTE	Marilyn Monroe (Schauspielerin), Paris Hilton (Model und Hotelerbin), Herbert Hoover (Politiker)
DO IT YOURSELF	Er steht selbstverständlich nach wir vor auf der Speisekarte: der Waldorfsalat.

4 Savoy, London
Wo manches nicht mit links gemacht wird

Das Savoy in London ist in vieler Hinsicht einzigartig – doch das Außergewöhnlichste trägt sich genau genommen vor dem Haupteingang des Hotels zu, nicht im Gebäude selbst: Der Savoy Court, eine Stichstraße der Londoner Straße Strand, ist die einzige Straße im Vereinigten Königreich, in der auf der rechten Seite gefahren wird. Eine Hommage an **César Ritz**, jenen legendären Hotelier aus der rechts fahrenden Schweiz, der auch das Savoy mit aufgebaut hat? Keineswegs – sondern purer Pragmatismus: Eingeführt wurde diese für Großbritannien seit jeher ungewöhnliche Fahrpraxis vor langer Zeit, damit die rechts im Taxi sitzenden Fahrer vor dem rechts liegenden Hoteleingang ihren Fahrgästen einfacher zum Fußweg hin die Tür öffnen konnten. So viel Service muss sein.

Als es 1889 eröffnet wurde, galt das Savoy als erstes Luxushotel Londons. Es war in vieler Hinsicht wegweisend: Als erstes Hotel der Britischen Inseln wurde es vollständig elektrisch beleuchtet. Es verfügte auch über die ersten elektrischen Aufzüge des Landes und in den Zimmern gab es – für die damalige Zeit durchaus ungewöhnlich – heißes und kaltes Wasser im Bad. Und überhaupt gab es Zimmer mit Bad – auch dies war Ende des 19. Jahrhunderts in Hotels nicht gerade üblich.

Die Nachfrage war groß: Bereits 1904 wurde das Hotel zur Straße Strand hin massiv erweitert. Der bis heute an vielen Stellen sichtbare Art-déco-Stil hielt Einzug. Das Savoy blieb über Jahre Vorreiter in der internationalen Hotellerie. Der 24-Stunden-Zimmerservice, Zimmer mit Klimaanlage, der Pauschalpreis, der alle Extras beinhaltet – all dies soll im Laufe der Zeit hier erfunden worden sein. César Ritz entwickelte im Savoy zudem eine bis heute in guten Restaurants beliebte Praxis: Die besten Tische belegte er dauerhaft mit »Reserviert«-Kärtchen – sollte ein berühmter Gast kommen, so konnte er diesem stets einen der schönsten Tische anbieten und war sich damit der Gunst der feinen Londoner Gesellschaft sicher.

Und die kam zuhauf: Schauspieler, Politiker, Musiker jeglicher Stilrichtung gaben sich im Savoy die Klinke in die Hand. Manchen wurde sogar eine besondere Ehre zuteil: Der französische Koch **Auguste Escoffier**, so die Legende, habe hier 1892 für die Sängerin **Nellie Melba** ein besonderes Dessert kreiert: den Pfirsich Melba, jenen halben Pfirsich auf Vanilleeis, Sahne und Himbeerpüree, der noch heute auf den Speisekarten der Welt zu finden ist.

Für 220 Millionen Pfund (rund 270 Millionen Euro) wurde das Savoy, das inzwischen zur Fairmont-Gruppe gehört, von 2007 an grundlegend saniert. Ende 2010 öffnete es wieder – und ist seitdem unter Prominenten wieder so beliebt wie in seinen Anfangsjahren. Die Taxi-Regel hat man auch danach nicht geändert – Tradition ist eben wichtiger denn je.

ADRESSE	Savoy, Strand, London, Großbritannien, www.fairmont.de/savoy-london
ZIMMER	268
STERNE	5
BAUJAHR	1889
BERÜHMTE GÄSTE	Oscar Wilde (Schriftsteller), Marilyn Monroe (Schauspielerin), Louis Armstrong (Musiker)
DO IT YOURSELF	Fahren Sie doch einfach mit dem Taxi vor. Und kommen Sie vor allem beim Verlassen des Hotels zu Fuß mit Links- und Rechtsverkehr nicht durcheinander.

5 The Peninsula, Hongkong
Wo Rolls-Royce einen Großabnehmer fand

Einen Rolls-Royce sieht man vor allem in dessen Heimatland Großbritannien immer mal auf der Straße – aber 14 Stück auf einmal? Das Peninsula in der früheren britischen Kronkolonie Hongkong ist dafür bekannt, bereits zweimal in seiner Geschichte die größte Einzelbestellung bei dem britischen Automobilunternehmen aufgegeben zu haben. 1970 orderte das Traditionshotel gleich sieben Fahrzeuge des Modells Silver Shadow auf einen Schlag. Sie alle waren in einem Grün lackiert, das fortan zu Ehren des Hauses den Namen »Peninsula Green« erhalten sollte.

Es wurde der Beginn einer edlen Freundschaft: Insgesamt rund 70 Rolls-Royce hat sich das Peninsula seitdem aus Großbritannien kommen lassen. Bis heute können Gäste auf diese außergewöhnliche Fahrzeugflotte des Hotels zurückgreifen. Die änderte sich im Laufe der Jahre mehrfach leicht und gipfelte im Dezember 2006 in einem neuen Rekord: Gleich 14 Exemplare des Modells Phantom wurden damals an das Peninsula ausgeliefert – erneut die größte Einzelbestellung für den britischen Automobilhersteller. Und selbstverständlich in der Hausfarbe lackiert, dem »Peninsula Green«.

Die jüngste Lieferung verfügte zudem über einige Besonderheiten wie einen größeren Kofferraum sowie eine Kühlbox für Erfrischungshandtücher im hinteren Teil. Und auch ein DVD-Spieler mit Monitoren gehört inzwischen zur Ausstattung – damit die Gäste in der lebendigen Millionenstadt ganz entspannt im Hotel eintreffen.

Das Peninsula ist heute Hongkongs einziges verbliebenes altes Grandhotel. Im Dezember 1928 wurde es von der Kandoorie-

Familie, den späteren Hauptanteilseignern der »Hongkong and Shanghai Hotels«-Gesellschaft eröffnet. Ihr Ziel war, das »beste Hotel östlich von Suez« zu schaffen. Die Lage war geradezu perfekt: in unmittelbarer Nähe zum Hafen sowie zum Bahnhof mit einer regelmäßigen Verbindung zur Strecke der Transsibirischen Eisenbahn. Gebaut wurde damals noch im typischen Kolonialstil – siebengeschossig, ohne den heute prägenden Turm.

Seine ersten Gäste beherbergte das noch nicht fertiggestellte Peninsula bereits Monate vor der Eröffnung: Die britische Armee entsandte Truppen nach Hongkong, um die Kronkolonie vor einem Übergreifen der Aufstände im benachbarten China zu schützen. Sie kamen im neuen Hotel unter und blieben bis kurz vor der offiziellen Eröffnung. Es sollte nicht der letzte Aufenthalt von Soldaten bleiben: Nach dem Einmarsch der Japaner richteten diese ihr Hauptquartier im Peninsula ein und benannten es kurz darauf um in »Toa Hotel« (Ostasien-Hotel). Der britische General **Christopher Maltby** und der Gouverneur von Hongkong, **Sir Mark Young**, erschienen hier am 25. Dezember 1941, um formal zu kapitulieren.

Nach dem Krieg kehrte Hongkong zurück unter britische Herrschaft und das Peninsula zu seinem alten Namen. Noch einmal beherbergte es während des Koreakrieges 1952 für kurze Zeit britische Soldaten – ansonsten knüpfte es an die Zeit als Luxushotel an. Nach der Schließung des Hong Kong Hotel wurde das Peninsula zum letzten historischen Grandhotel der Kronkolonie. 1994 folgte eine massive Vergrößerung: Der 30 Etagen hohe Turm wurde fertiggestellt, der seitdem das Gebäude prägt und die Zimmeranzahl auf 300 erhöhte. Auf dem Dach entstand ein Hubschrauberlandeplatz.

Einer kam bereits 1974 – allerdings mit dem Auto: James Bond alias **Roger Moore** fuhr im Film *Der Mann mit dem golde-*

nen Colt als Beifahrer von Mary Goodnight (**Britt Ekland**) vor dem Peninsula vor. Während der Dreharbeiten nächtigte das Filmteam auch in diesem Hotel.

ADRESSE	The Peninsula, Salisbury Road, Kowloon, Hongkong, China, www.peninsula.com
ZIMMER	300
STERNE	5
BAUJAHR	1928
BERÜHMTE GÄSTE	Richard Nixon (Politiker), Elizabeth Taylor, Yul Brynner, Roger Moore (Schauspieler)
DO IT YOURSELF	Eine Fahrt im grünen Rolls-Royce sollte bei einem Aufenthalt einfach dazugehören.

6 Hôtel du Cap-Eden-Roc, Antibes
Wo Künstler kreativ sein konnten

Es gab Zeiten, in denen Hektik noch anders definiert wurde als heutzutage. Wie damals im Jahr 1870 in Frankreich – das Internet war genauso wenig erfunden wie das Fernsehen, allein Zeitungen bestimmten die Nachrichtenübermittlung. Verleger waren – die meisten zumindest – noch weniger an Profit interessiert als an ihrer eigentlichen Aufgabe: der kritischen Begleitung von Politik, Kunst und Gesellschaft. In diese Zeit fiel der Plan **Jean Hippolyte Auguste Delaunay de Villemessants**, des Herausgebers und Gründers der Zeitung *Le Figaro*, in Südfrankreich eine Residenz für Schriftsteller zu schaffen; einen Ort an einem der schönsten Plätze des Landes, an dem Künstler vor allem eines sein konnten: kreativ.

Mit finanzieller Unterstützung von französischen Unternehmern und russischen Aristokraten schuf de Villemessant die Villa Soleil, die Sonnenvilla. Das Gebäude wurde zum Ort der Ruhe an der äußersten Spitze der Halbinsel Cap d'Antibes, in einem 5,5 Hektar umfassenden Park unmittelbar an der Côte d'Azur gelegen. Und konnte doch auf Dauer so nicht finanziert werden. Der ursprüngliche Gedanke einer Residenz für Autoren wurde schnell verworfen und die fürstliche Villa zum Luxushotel umfunktioniert.

Doch auch diese Nutzung lief zunächst nicht so recht an. Über die Jahre geriet das Haus zunehmend in Vergessenheit – bis ein vorausschauender junger Hotelier aus Italien auf die Villa aufmerksam wurde. **Antoine Sella** restaurierte das Gebäude über einen Zeitraum von zwei Jahren und eröffnete es im Januar 1889 wieder als Hôtel du Cap-Eden-Roc. Seine Veränderungen hatten Erfolg: Sehr schnell zog das Hotel jene an, für die es einst gebaut wurde – Künstler aus aller Welt. Marlene Dietrich, Ernest Hemingway, Pablo Picasso, sie alle sollen hier ein und aus gegangen sein. **Francis Scott Fitzgerald** verewigte das Hotel gar in seinem Roman *Zärtlich ist die Nacht* als »Hotel des Étrangers«.

Sella baute weiter auf die zahlungskräftige Klientel: Unter seiner Ära entstanden private Bäder, eine Zentralheizung sowie ein Aufzug – Ausstattungen, die es zu jener Zeit höchstens in den Großstädten der Welt gab, nicht aber auf dem Land irgendwo an der französischen Küste. 1914 ließ Sella einen Pool in das Gestein vor dem Gebäude sprengen. Damit wollte er sein Hotel künftig auch in der Sommersaison auslasten, denn bis dahin war es vor allem als warmes Winterreiseziel beliebt. Zugleich entstand der Eden Roc Pavillon, eine Residenz abseits des Hauptgebäudes, im selben Stil gebaut, aber noch ein Stück weiter ab vom Alltagsgeschehen.

Während des Zweiten Weltkrieges diente das Hôtel du Cap-Eden-Roc als Krankenhaus – bevor im Jahr 1945 die alliierten Streitkräfte für drei Jahre Quartier bezogen. Nach ihrem Abzug wurde es wieder zum Luxushotel: Antoine Sella tat alles daran, um die Klientel von einst zurückzuholen in sein Haus. Und er schaffte es: An einem idyllischen Abend im Jahr 1949, so eine Erzählung im Hotel, soll er zwei allein beim Abendessen sitzende Gäste zusammen an einen Tisch gebracht haben: die Schauspielerin **Rita Hayworth** und den pakistanischen Prinzen **Aly Khan**. Die beiden heirateten kurz darauf, trennten sich jedoch nur zwei Jahre später wieder.

1964 entdeckte der deutsche Unternehmer **Rudolf Oetker** das Hotel während der Ferien. Es gefiel ihm so gut, dass er es 1969 kaufte. Bis heute ist es ein beliebter Treffpunkt von Schauspielern und anderen Künstlern – vor allem während der Filmfestspiele im nicht weit entfernten Cannes. Eine Besonderheit sticht angesichts dieser Klientel besonders hervor: Erst seit dem Jahr 2006 akzeptiert das Hotel Kreditkarten.

ADRESSE	Hôtel du Cap-Eden-Roc, Boulevard JF Kennedy, Antibes, Frankreich, www.hotel-du-cap-eden-roc.com
ZIMMER	118
STERNE	5
BAUJAHR	1870
BERÜHMTE GÄSTE	Robert De Niro (Schauspieler), François Mitterrand (Politiker), George Bernard Shaw, Ernest Hemingway (Schriftsteller)
DO IT YOURSELF	Werden Sie kreativ – eine Leinwand, ein paar Farben, und ab in den Park. Beim Blick auf die Côte d'Azur kommen die Ideen von ganz allein.

7 Brown's Hotel, London
Wo Bell das Telefon nach Europa brachte

Die Geschichte des Telefons ist in etwa so unübersichtlich wie die Tarifstrukturen der heutigen Zeit: Sie setzt sich aus vielen einzelnen Randnotizen zusammen, von denen jede einzelne am Ende aber doch irgendwie wichtig ist.

Bereits zu Beginn des 19. Jahrhunderts gab es Experimente, die im Nachhinein die Grundlage der heutigen Telefonie bildeten. Im Jahr 1860 stellte der amerikanische Erfinder Antonio Meucci einen Patentantrag für den womöglich ersten Fernsprecher der Welt – er konnte jedoch die Gebühren der Behörde nicht aufbringen und so wurde seine Erfindung nie geschützt. Auch Johann Philipp Reis forschte in diese Richtung und konnte 1861 Erfolge vorweisen. Es dauerte jedoch noch Jahre, bis ein Mann die Forschungen zur Marktreife brachte: der gebürtige Schotte **Alexander Graham Bell**. Am 7. März 1876 meldete er seine Variante des Telefons zum Patent an – mit Erfolg, auch wenn die Technik zu jenem Zeitpunkt noch nicht ausgereift war. Erst drei Tage später soll er die berühmten Worte gesprochen haben, die als erstes Telefonat der Welt gelten: »Mr. Watson, kommen Sie her, ich möchte Sie sehen!« **Thomas Watson** war Bells Mitarbeiter.

Es dauerte nicht lang, bis Bell seine Erfindung auch in Großbritannien demonstrierte. Noch 1876 reiste er nach London, um dort das erste Telefonat jenseits seiner neuen Heimat Amerika zu führen. Er tat es in einem Hotel – Brown's Hotel in der Albemarle Street. Bis heute ist man hier stolz darauf, Heimat des ersten Telefongesprächs außerhalb der USA gewesen zu sein.

Die Wahl des Ortes war nicht ungewöhnlich. Brown's Hotel galt bereits zu jener Zeit als sehr angesehen. **Königin Victoria** nahm hier ihren Afternoon-Tea zu sich. **Agatha Christie** soll in Brown's Hotel ihren Roman *Bertrams Hotel* geschrieben haben. **Rudyard Kipling** wird nachgesagt, er habe sein *Dschungelbuch* ebenfalls hier während eines langen Aufenthaltes zu Papier gebracht. 1890 stellte die internationale Niagara-Kommission bei einer Sitzung in dem Gebäude fest, dass die Kraft des Wassers genutzt werden kann, um Elektrizität zu produzieren. Eine wegweisende Entscheidung.

Der Name des Hotels stammt von seinen ersten Besitzern: James und Sarah Brown eröffneten das Haus 1837. Im Jahr 1859 verkauften sie es an die Automobilfamilie Ford, die es einige Jahre später modernisierte: Fortan verfügte das Haus über Elektrizität, Badewannen, Aufzüge sowie einen Raucherraum für Herren – Damen hatten dort zu jener Zeit nichts zu suchen. Brown's Hotel erhielt zudem ein eigenes Restaurant; auch dies war damals für London eine echte Innovation. 1889 erweiterte die Ford-Familie ihr Hotel um das angrenzende St. George's Hotel. Sie ließ beide Häuser verbinden und eine fünfte Etage aufsetzen. 1905 kam es zu einer erneuten Erweiterung, indem drei benachbarte Gebäude aufgekauft wurden.

Bis 2003 gehörte Brown's Hotel zur Raffles-Hotelgruppe, die aus dem Singapurer Hotel Raffles hervorgegangen ist. Dann nahm es die Rocco Forte Collection in ihr Portfolio auf.

ADRESSE	Brown's Hotel, Albemarle Street, London, Großbritannien, www.brownshotel.de
ZIMMER	117
STERNE	5
BAUJAHR	1837 (Hotelbetrieb)

BERÜHMTE GÄSTE Agatha Christie, Rudyard Kipling (Schriftsteller), Theodore Roosevelt (Politiker), Alexander Graham Bell (Ingenieur)

DO IT YOURSELF Ein Sitzungsraum im Brown's ist heute nach Graham Bell benannt. Darin befinden sich unter anderem eines der ersten Telefone, Bilder von Bell und Fernsprecher aus unterschiedlichen Epochen.

8 Burj Al Arab, Dubai
Wo nach den Sternen gegriffen wurde

Rekorde spielen in den Vereinigten Arabischen Emiraten eine wichtige Rolle – was sich vor allem in Form von Gebäuden bemerkbar macht. Mit dem Burj Khalifa besitzt das Emirat Dubai zum Beispiel das mit 828 Metern derzeit höchste Gebäude der Welt. Die Dubai Mall galt mehrere Jahre als das größte Einkaufszentrum der Welt. Immer wieder wetteifern vor allem die reichen Emirate Abu Dhabi und Dubai um die architektonische Vorherrschaft. Kein Wunder also, dass auch beim Sport im Jahr 2005 neue Maßstäbe gesetzt werden sollten: Tennislegende **Andre Agassi** trat im Februar 2005 gegen den damaligen Weltranglistenersten **Roger Federer** auf dem höchsten Tenniscourt der Welt an. In 211 Metern Höhe kam es damals zum Aufschlag.

Eigens für diese Begegnung wurde der 415 Quadratmeter große Helikopter-Landeplatz auf dem Hotel Burj Al Arab in einen Tennisplatz umfunktioniert. Er wurde komplett mit grünem Bodenbelag ausgestattet – allerdings nicht mit einer Begrenzung zu den Seiten. Federer und Agassi mussten während ihrer kurzen Partie gut aufpassen, nicht über die Kante der Plattform zu treten. Das Burj Al Arab war einmal mehr in aller Munde.

Mit dem Burj Al Arab, dem Turm der Araber, wollte Dubai Ende der 90er-Jahre das beste Hotel der Welt schaffen. Keine Wünsche sollten hier offen bleiben. Und um dies zu untermauern, sollte es in der Hotelkategorisierung nicht mit den Fünf-Sterne-Häusern in aller Welt gleichgestellt werden. Nein, es verlangte nach mehr: Mit sieben Sternen, so heißt es seit der Eröffnung im Jahr 1999 immer wieder, könne sich das Burj Al

Arab schmücken. Einzigartig in der Welt – vor allem aus einem simplen Grund: Die Kategorisierung von Hotels endet aber fast überall bei fünf, was bereits jeglichen Luxus beinhalten sollte. Sieben Sterne gibt es auf den gängigen Bewertungsskalen schlicht nicht.

Nichtsdestotrotz haben die Erbauer des Hotels manch neuen Maßstab gesetzt: Das Burj Al Arab ist architektonisch einem Segel nachempfunden. Der verglaste Hotelbau wird eingerahmt von einer Stahlkonstruktion. Mit 321 Metern Höhe ist das Gebäude zwar im rekordverwöhnten Dubai nicht gerade ungewöhnlich hoch – im internationalen Vergleich jedoch schon. Es zählt zu den höchsten Hotelbauten der Welt. Damit der Schatten des Gebäudes nicht die Gäste anderer Hotels beeinflusst, wurde es nicht am Strand, sondern auf einer 280 Meter vorgelagerten künstlichen Insel erbaut.

Innen achteten die Planer vor allem auf Prunk und Bequemes: Es gibt im Burj Al Arab keine herkömmlichen Hotelzimmer, sondern ausschließlich Suiten. Jede einzelne ist zwischen 170 und 780 Quadratmeter groß. Die Teppiche sind handgewebt, jegliche Vergoldung aus 22-karätigem Gold. Dazu gibt es Springbrunnen und einen Chauffeurservice für die hoteleigenen Rolls-Royce- und BMW-Modelle. Nicht weniger als 29.000 Swarovski-Kristalle formen an der Decke der Junsui-Lounge die Milchstraße.

Der »Turm der Araber« hält trotz aller Innovationen aber auch an Traditionen fest: Im Spa- und Fitnessbereich gibt es sämtliche Einrichtungen zweimal – einmal für Männer und einmal für Frauen.

Zahlreiche Prominente stiegen hier seit der Eröffnung ab – für Roger Federer war es längst nicht der erste Aufenthalt. Die Dubai Duty Free Tennis Championships locken in jedem Jahr die Großen des Sports an. Wenn auch nicht mehr auf den Hubschrauberlandeplatz, sondern in die eigens für die Meisterschaft umfunktionierte Tennishalle des Emirats. Einer wagte sich dennoch zurück in schwindelerregende Höhen: Der Golfer **Rory McIlroy** versuchte sich 2011 auf dem zum Golf-Green umfunktionierten Heliport mit einigen Schlägen.

ADRESSE	Burj Al Arab, Dubai, Vereinigte Arabische Emirate, www.jumeirah.com/de/hotels-resorts/dubai/burj-al-arab
ZIMMER	202
STERNE	5
BAUJAHR	1999
BERÜHMTE GÄSTE	Bill Clinton, Al Gore, Nelson Mandela (Politiker), Simple Minds (Band), Tim Robbins (Schauspieler), König Abdullah von Jordanien (Staatschef)
DO IT YOURSELF	In jedem Frühjahr werden in Dubai die Tennismeisterschaften ausgetragen – dann sind meist auch zahlreiche Spieler im Burj Al Arab untergebracht.

9 Palmer House Hilton, Chicago
Wo der Brownie kreiert wurde

Wenn es unter Gebäcksorten Sünden gäbe, Brownies könnten ganz vorn dabei sein. Dieser saftige und vor allem mächtige Schokoladenkuchen kann sich rühmen, eine der wenigen Nachspeisen zu sein, die es aus amerikanischen Küchen jemals über den Atlantik geschafft haben. Er ist heutzutage auf den Speisekarten von Luxushotels ebenso präsent wie in Kantinen und Coffeeshops. Und wer hat's erfunden? Ein Hotel, das Palmer House Hilton in Chicago.

Inhaberin **Bertha Palmer** soll ihrem Chefkoch 1893 den Auftrag dazu gegeben haben. Sie wollte ein Dessert, das zwar einem Stück Kuchen ähnlich ist, aber deutlich kleiner ausfällt. In Chicago, der größten Stadt des US-Bundesstaates Illinois, wurde in jenem Jahr die Weltausstellung ausgetragen, und Palmer sorgte sich um das Wohl ihrer weiblichen Gäste. Sie sollten für den langen Messebesuch in ihren Lunchboxen eine süße Überraschung vorfinden. Eine, die sie essen konnten, ohne sich die teuren Kleider zu bekleckern. Der Brownie war geboren: halb Kuchen, halb Konfekt, und jeder, der ihn isst, wird sich auf der Stelle unsterblich in das Gebäck verlieben. Gut, er wird es fortan auch für längere Zeit mit sich herumtragen, nämlich in Form von Fett an den Hüften – denn gehaltvoll ist der Brownie schon allein durch seinen hohen Schokoladenanteil. Doch das ist es allemal wert.

Die ersten Brownies enthielten auch Walnüsse und wurden mit einer Aprikosenglasur überzogen. Heute gibt es zig Varianten der schwarzen Sünde.

Das Palmer House ist inzwischen so etwas wie eine Ikone Chicagos – dabei war der Beginn zäh: 1871 wurde an der Ecke

State Street und Monroe Street das erste Hotel namens »The Palmer« eröffnet. Der bekannte Chicagoer Geschäftsmann **Potter Palmer** ließ es bauen. Das Haus öffnete Ende September seine Türen – und schon 13 Tage später brannte es während des großen Feuers von 1871 vollständig nieder. Palmer gab nicht auf und ließ das Hotel baldmöglichst wiederaufbauen. Im November 1873 konnte er es erneut eröffnen.

Palmers Frau Bertha war mit dem französischen Künstler **Claude Monet** befreundet und begeisterte sich sehr für den Impressionismus. Im Laufe der Jahre sammelte sie eine beachtliche Anzahl an Kunstwerken für das Haus. Das Hotel spricht heute von der damals größten Sammlung impressionistischer Werke außerhalb Frankreichs.

1920 wurde das sieben Stockwerke hohe Gebäude langsam zu klein für das über die Jahrzehnte gewachsene Chicago. Das Management beschloss, das Hotel abermals neu zu bauen – mit 20 Stockwerken größer und höher als je zuvor, jedoch in Abschnitten. So sollte gewährleistet werden, dass der Betrieb nicht einen einzigen Tag ruht. Zwei Jahre sollte das Projekt dauern, am Ende feierte sich das Palmer House selbst als das damals größte Hotel der Welt.

1945 erwarb **Conrad Hilton** das Haus, fortan trug es als Zusatz seinen Namen. Noch heute wird es von der Hilton-Gruppe betrieben. Und ebenfalls bis heute entsteht in der Küche das, was das Hotel berühmt machte: der **Brownie** nach dem Rezept für Bertha Palmer.

Zutaten für den Teig:

510 g	Zartbitterschokolade
450 g	Butter
680 g	Zucker

230 g	Mehl
1 EL	Backpulver
4	Eier
450 g	zerkleinerte Walnüsse

Zutaten für die Glasur:

125 ml	Wasser
125 ml	Aprikosenmarmelade
1 TL	Gelatinepulver

Zubereitung: Schokolade schmelzen. Erst Butter, Zucker, Mehl und Backpulver unterrühren, dann die Eier. Den Teig auf einem Backblech verteilen. Die Nüsse darüberstreuen und leicht eindrücken. 30 bis 40 Minuten im vorgeheizten Ofen (150 Grad) backen – so lange, bis die Brownies am Rand zwar knusprig sind, aber insgesamt noch saftig. Abkühlen lassen.

Die Zutaten für die Glasur verrühren, 2 Minuten aufkochen lassen und auf den abgekühlten Brownies verteilen. Die Glasur vollständig trocknen lassen.

ADRESSE	Palmer House Hilton, 17 East Monroe Street, Chicago, USA, www.palmerhousehiltonhotel.com
ZIMMER	1.640
STERNE	4
BAUJAHR	1925 (Ursprungsbau 1871)
BERÜHMTE GÄSTE	Ulysses S. Grant (Politiker), Mark Twain, Oscar Wilde (Schriftsteller), Louis Armstrong, Frank Sinatra (Musiker)
DO IT YOURSELF	»Bertha's Famous Brownie« gibt es zum Beispiel in der Potter's Lounge im Hotel – ein Geschmackserlebnis in Schwarz. Und so etwas wie eine vollwertige Mahlzeit.

IV. GESCHICHTEN UND GESCHICHTLICHES

Europa Hotel, Belfast
Wo die IRA keine Ruhe gab

Es ist heute in Belfast so etwas wie das traditionsreichste Hotel am Platze – dabei wurde das Europa Hotel erst 1971 eröffnet. Und damit sehr viel später als die meisten anderen großen Hotels der Welt. Doch das »Europa« hat in den Jahrzehnten seines Bestehens etwas bewiesen, das manch anderem Haus fehlt: Widerstandsfähigkeit. Nicht weniger als 33-mal zündete die Irisch-Republikanische Armee (IRA) zu Zeiten der »Troubles«, der nordirischen Unruhen, vor und in dem Gebäude ihre Bomben. Damit ist das Hotel das meistzerbombte Hotel Europas, manche behaupten sogar der ganzen Welt. Ein zweifelhafter Ruf? Mitnichten.

In Belfast galt das Europa Hotel lange als sichtbares Zeichen gegen den Terror. Journalisten erkoren es während der Hochphase der Unruhen in den 70er- und frühen 80er-Jahren zum Hauptquartier für ihre Berichterstattung aus. Es lag im Zentrum einer einst reichen Stadt, die jedoch später relativ penibel nach Straßenzügen zwischen pro-irischen Republikanern und pro-britischen Unionisten aufgeteilt wurde. »We never close«, wir werden niemals schließen, lautete während der Troubles das Motto des Hotels. Egal, wie sehr der Terror auch ausufern mochte – das »Europa« wollte zeigen, dass es nicht klein beigab.

1993 musste das Hotel dennoch die Türen dicht machen: Eine weitere IRA-Bombe hatte das Gebäude so stark beschädigt, dass das Geld für die Instandsetzung fehlte. Es wurde verkauft – doch auch der neue Besitzer, die Hastings-Gruppe, hielt am Hotelbetrieb fest. Bereits 1994 öffnete das Haus wieder, nach einer acht Millionen Pfund teuren Instandsetzung. Schöner und prachtvoller als je zuvor.

Mit seinem Standort direkt am Busbahnhof, in der Nähe des neobarocken Rathauses, schien das Europa Hotel wie geschaffen für die sich andeutende ruhigere Zukunft Nordirlands. Ein Besuch im Jahr 1995 ebnete den Weg dorthin: Der damalige US-Präsident **Bill Clinton** reiste nach Belfast, um mit einer Rede vor dem Rathaus den dahinsiechenden Friedensprozess in Schwung zu bringen. Die Parteien hatten sich über Unterhändler vorsichtig genähert, doch das Misstrauen zwischen ihnen schien unüberwindbar. Clinton sollte ein Zeichen des Aufbruchs geben. Gemeinsam mit seiner Frau Hillary stieg Clinton im Europa Hotel ab. Sein damaliges Zimmer Nummer 1011 ist inzwischen umbenannt in »Clinton Suite«. In seiner Rede mahnte der US-Präsident: »Nordirland hat eine Chance, nicht nur von Neuem zu beginnen, sondern eine echte Inspiration für den Rest der Welt zu werden, ein Modell des Fortschritts durch Toleranz.«

Der Besuch der Clintons zeigte Wirkung: In einem langwierigen, aber beharrlichen Prozess holte sein Unterhändler **George Mitchell** in den folgenden Monaten die verfeindeten Parteien an einen Tisch. 1998 unterzeichneten sie schließlich das Karfreitagsabkommen, das für die Unruheprovinz den Weg in den Frieden aufzeigte.

Seitdem ist – wenn auch langsam – Normalität eingekehrt in Nordirland. Die IRA hat längst ihre Waffen niedergelegt, die britische Armee beendete am 31. Juli 2007 nach insgesamt 38 Jahren offiziell ihren Einsatz in der einstigen Unruheprovinz. Und das »Europa« gibt es nach wie vor – es ist heute ein Vier-Sterne-Haus in einer zu neuem Leben erwachten Großstadt. Die übrigens trotz immer mal wieder aufkeimender Streitigkeiten heute zu den sichersten Städten der Welt zählt. Anschläge hat es im »Europa« seit dem Friedensprozess nicht mehr gegeben.

ADRESSE	Europa Hotel, Great Victoria Street, Belfast, Nordirland, www.hastingshotels.com/europa-belfast
ZIMMER	272
STERNE	4
BAUJAHR	1971
BERÜHMTE GÄSTE	Bill Clinton (Politiker), Lionel Richie (Musiker), Patricia Hodge (Schauspielerin)
DO IT YOURSELF	Aus den oberen Etagen haben Gäste einen guten Überblick über die Stadt – in Richtung Westen und Nordwesten (also die dem Haupteingang entgegengesetzte Richtung) liegen Falls Road und Shankill Road, jene Gegenden, in denen der Nordirland-Konflikt am deutlichsten wurde. Eine meterhohe Mauer trennt dort nach wie vor die von Pro-Iren bewohnten Gebiete von den pro-britischen Gegenden.

2 The Grove Park Inn, Asheville
Wo Diplomaten interniert wurden

Ein bisschen unheimlich wirkt es auf den ersten Blick schon: Das Grove Park Inn am Rande von Asheville im US-Bundesstaat North Carolina besteht aus mächtigen, ungeschliffenen Granitsteinen. Vom Grundriss her ein klassisches Hotel mit Hauptgebäude, Seitenflügel und sympathisch anmutenden roten Spitzdächern, versprüht es durch den unebenen, trist grauen Stein etwas sehr Dominantes.

Das mag ein Grund dafür gewesen sein, dass die US-Armee während des Zweiten Weltkrieges Diplomaten verfeindeter Länder hier internierte, um sie auf den rechten politischen Weg zu führen. Angehörige der sogenannten Achsenmächte – das damalige Deutsche Reich und dessen Verbündete wie Japan und Italien – waren Hauptzielgruppe. Fernab ihrer Heimat und inmitten der malerischen Landschaft rund um den Blue Ridge Parkway, eine der schönsten Passstraßen der Welt, sollten sie lernen, was Recht und was Unrecht bedeutet. Ab und zu durften sie unter Bewachung hinunter in die Innenstadt von Asheville, um einzukaufen – in den damaligen wirtschaftlich schlechten Zeiten ein nicht zu unterschätzender Einnahmefaktor für die örtlichen Geschäfte.

Die Abmachung mit dem Hotel war schlicht und relativ kostenneutral: Das Grove Park Inn erhielt garantiert täglich acht Dollar pro Erwachsenen und fünf Dollar pro Kind für mindestens 225 Personen. Bezahlt wurde dies von eingefrorenen Konten der dort untergebrachten Diplomaten. Ihnen sollte es an nichts fehlen: Die USA hofften dadurch auf eine ähnlich gute Behandlung ihrer eigenen Diplomaten durch die Kriegsgegner.

Auch nach dem Zweiten Weltkrieg blieb das Grove Park Inn ein beliebtes Ziel von Armee und Politik. Nahezu jeder Präsident der Vereinigten Staaten stieg früher oder später hier ab. Zuletzt lernte **Barack Obama** das Haus schätzen: Vor seinem ersten Wahlkampf wohnte der damalige Präsidentschaftskandidat im Grove Park Inn, um sich hier auf ein Fernsehduell vorzubereiten. Im großen Ballsaal sei die Kulisse des TV-Studios eins zu eins nachempfunden worden, erinnert sich das Personal im Hotel. Dadurch wollte Obamas Team den späteren Präsidenten perfekt auf alle denkbaren Situationen während des wichtigen Fernsehauftrittes mit seinem Gegenkandidaten John McCain vorbereiten. Obama genoss den Aufenthalt offenbar: Er schaute später gemeinsam mit seiner Familie ein weiteres Mal vorbei.

Das Grove Park Inn hat heute von seiner geschichtsträchtigen Atmosphäre nichts eingebüßt. Ergänzt um ein unterirdisches Spa sowie zwei leider wenig ansehnliche Seitenflügel versprüht es im alten Kern auch nach 100 Jahren weiterhin den Charme seines Eröffnungsjahres 1913. Zwei mächtige Kamine zieren die ebenfalls in Granit gehaltene Lobby. Der Ausblick auf Asheville und den 18-Loch-Golfplatz des Hotels ist geradezu malerisch.

ADRESSE	The Grove Park Inn, 290 Macon Avenue, Asheville, USA, www.groveparkinn.com
ZIMMER	510
STERNE	4
BAUJAHR	1913
BERÜHMTE GÄSTE	Franklin D. Roosevelt, Bill Clinton, Barack Obama (Politiker), Thomas Edison (Erfinder und Unternehmer), Henry Ford (Ingenieur und Unternehmer)
DO IT YOURSELF	Das Martialische des Hotels erlebt man am besten in der Lobby mit ihren beiden meterhohen Kaminen.

3 The Fairmont, San Francisco
Wo die Vereinten Nationen geboren wurden

Wir schreiben das Jahr 1945. Die damalige Sowjetunion sowie die alliierten Truppen um die USA hatten in Europa gerade Hitlers Nazireich ein Ende gesetzt. Im Pazifik tobte der Krieg um die von Japan besetzten Länder. Da arbeiteten im Garden Room des Fairmont-Hotels von San Francisco bereits Diplomaten eifrig an einer neuen internationalen Kooperation: Zwischen April und Juni 1945 entwarfen sie hier die Charta der neu zu gründenden Vereinten Nationen.

Nach den zähen Verhandlungen von Jalta formulierten Experten aus, was schließlich am 26. Juni im Theatersaal des War Memorial Veterans Building von San Francisco unterzeichnet werden sollte. Insgesamt 51 Staaten zählten zu den Gründernationen. Nach zahlreichen vergeblichen Versuchen, einen dauerhaften Völkerbund zu installieren, setzte man große Stücke auf die UN.

Das Fairmont-Hotel wurde zu so etwas wie dem heimlichen Zentrum des neuen Völkerbundes – wenn auch nur vorübergehend: Der damalige US-Außenminister **Edward Stettinius** unterhielt sein Hauptquartier während der UN-Konvention in der Präsidentensuite des Hotels. Und auch weitere Diplomaten aus zahlreichen anderen Ländern ließen sich damals hier einquartieren. Die UN werden heute eng mit ihrem Stammsitz New York in Verbindung gebracht – genau genommen sind sie aber in San Francisco aus der Taufe gehoben worden.

Der prachtvolle sandsteinfarbene Bau im Stadtteil Nob Hill scheint wie geschaffen für ein solch wichtiges Ereignis. Er beeindruckt durch seine Größe, erschreckt aber nicht durch übertriebenen Pomp.

Eröffnet wurde das Fairmont im Jahr 1907 – nachdem ihm kurz zuvor das schwere Erdbeben von San Francisco im Jahr 1906 und ein anschließendes Feuer stark zugesetzt hatten. Doch die Schäden konnten relativ schnell behoben werden. Der Name des Hauses entstammt der Gründerfamilie: Die beiden Schwestern **Theresa Fair Oelrichs** und **Virginia Fair Vanderbilt** ließen das Hotel zu Ehren ihres Vaters bauen, des früheren US-Senators **James Graham Fair**. Ihr Ziel war, eines der besten Häuser am Platze entstehen zu lassen, einen Prachtbau für eine immer größer werdende Stadt. Und sie hatten Erfolg: Das Fairmont entwickelte sich schnell zu einer beliebten Unterkunft vor allem für Politiker, die an der Hotelbar ganz unkompliziert so manches Problem lösten.

Das Haus sollte zum Grundstein eines ganzen Konzerns werden: Zu Fairmont Raffles Hotels International gehören heute geschichtsträchtige Betriebe wie das Singapurer Raffles-Hotel sowie das Hamburger Vier Jahreszeiten. Das Stammhaus in San Francisco diente auch mehrfach als Filmkulisse: **Alfred Hitchcock** drehte im Fairmont Szenen für seinen Krimi *Vertigo*, **Michael Bay** später *The Rock – Fels der Entscheidung* mit Sean Connery. Und für die Außenszenen der Fernsehserie *Hotel* wurde es in den 80er-Jahren gar zum fiktiven Hotel »St. Gregory« umfunktioniert.

ADRESSE	The Fairmont San Francisco, 950 Mason Street, San Francisco, USA, www.fairmont.com/san-francisco
ZIMMER	591
STERNE	5
BAUJAHR	1907
BERÜHMTE GÄSTE	Margaret Thatcher, Michail Gorbatschow (Politiker), Stevie Wonder (Musiker)

Noch heute treffen sich Diplomaten aus aller Welt im Fairmont. Für sie gibt es inzwischen mit dem »Diplomat Club« eigene Räume. Die UN-Charta wurde im Garden Room verfasst.

4 Hilton Amsterdam
Wo John Lennon und Yoko Ono im Bett blieben

Sympathisch wirkte die Szene, geradezu romantisch: In weiße Pyjamas gekleidet lagen der Musiker **John Lennon** und seine frisch geheiratete Frau **Yoko Ono** im März 1969 im Bett des Amsterdamer Hilton-Hotels und taten – nichts. Eine Woche lagen sie hier während ihrer Flitterwochen, empfingen zwischen 9 und 21 Uhr die internationale Presse und sagten damit doch eine Menge aus: Ihr »Bed-In« genannter Protest gegen den Vietnamkrieg ist bis heute Aushängeschild der Friedensbewegung.

»Statt rauszugehen und Krieg zu machen bleiben wir im Bett«, sagte Ono damals vor der Kamera, während Lennon sich interessiert das Diktiergerät eines Reporters ansah. »Jeder sollte einfach im Bett bleiben.« Im Hintergrund der beiden sah man die noch heute legendären Schilder »Hair Peace« und »Bed Peace« (Haarfrieden, Bettfrieden). Wie Engel hätten sie ausgesehen, beschrieb es Lennon später in einem Interview. Und das war durchaus so gewollt.

Nun passt es gemeinhin nicht unbedingt zum Image eines Luxushotels, dass ein paar Friedensaktivisten hier ihre Protestplakate ausrollen. Im Fall des Hilton Amsterdam schien dies anders zu sein: Das Hotel gewann durch die Aktion enorm an Popularität, ähnlich dem Queen-Elizabeth-Hotel in Montreal, wo John Lennon und Yoko Ono kurz darauf ihre Aktion wiederholten.

Das Hilton Amsterdam ist seitdem so sehr mit dem »Bed in« verbunden, dass es 2009 zum 40. Jahrestag des Ereignisses die Präsidentensuite von Lennon und Ono für eine Fotoausstellung öffnete. Jedermann konnte so noch einmal einen Hauch der Antikriegsbewegung schnuppern, noch einmal auf die nachempfunden Protestslogans an den Fensterscheiben schauen.

Dem Protestpaar wurde indes eine besondere Ehre zu Teil: Aus der einstigen Präsidentensuite mit der Nummer 1902 ist inzwischen wie »John and Yoko Suite« geworden. Viel hat sich seitdem im Inneren geändert, übrigens auch das Bett. Doch nach wie vor kommen Fans des Musikers, um eine Nacht an jenem Ort zu verbringen, der im Leben Lennons so bedeutsam gewesen ist

Das Hilton Amsterdam ist ein klassisches Hotel seiner Zeit: Der 1962 eröffnete Betonbau zeichnet sich vor allem durch seine Lage direkt an einem der Amsterdamer Kanäle aus. Und natürlich durch Komfort in vielen Facetten – nicht zuletzt durch den Rundumblick über Amsterdam von der Executive Lounge im obersten Stockwerk.

ADRESSE	Hilton Amsterdam Hotel, Apollolaan 138, Amsterdam, Niederlande, www.placeshilton.com/amsterdam
ZIMMER	271
STERNE	5
BAUJAHR	1962
BERÜHMTE GÄSTE	John Lennon, Yoko Ono (Musiker, Künstler)
DO IT YOURSELF	Buchen Sie sich in die »John and Yoko Suite« ein – und bleiben Sie einfach im Bett.

Ein Blick über das Tal lässt erahnen, weshalb es die Menschen seit jeher in diese malerische Gegend zieht: Auf dem Obersalzberg bei Berchtesgaden schaut man in gut 1.000 Metern Höhe über die grasgrün bewachsene Landschaft hinweg bis hin zu den teilweise noch sehr viel höheren Bergen der Umgebung. Ab dem 19. Jahrhundert entwickelte sich dieser Ort zu einem beliebten Ziel von Reisenden. Und auch heute kommen sie: Gäste des Hotels Intercontinental Berchtesgaden können das malerische Ensemble bei Wellness und Wandern genießen. Doch es ist längst auch ein von der Vergangenheit belasteter Ausblick, der sich ihnen bietet: **Adolf Hitler** hatte sich hier oben während seiner Herrschaft auf einem eigens für ihn gebauten Anwesen eingenistet.

Schon seit den 20er-Jahren soll es den Naziführer immer wieder hinauf in das Idyll gezogen haben – der wohl übelste Verbrecher der Geschichte war, soviel man heute weiß, auch ein Mensch, der den Blick auf die Berglandschaft genoss. Und weitere Nazi-Obere folgten ihm: Um Hitlers »Berghof« genanntes Domizil gruppierten sich später die Häuser der NSDAP-Politiker Martin Bormann, Hermann Göring und Albert Speer.

Die US-Armee wähnte den Obersalzberg gegen Kriegsende als letzte Zufluchtsstätte der Nazis. Deswegen bombardierte sie das zum »Führersperrgebiet« ausgebaute Gelände massiv. Nach dem Krieg besetzten es die Amerikaner. Sie sprengten die wichtigsten Gebäude wie Hitlers Berghof – nichts sollte sich zu einer Art Pilgerstätte für Altnazis entwickeln können.

Die US-Armee blieb länger als gedacht: Sie funktionierte das Gelände zu einem Erholungsgebiet für ihre Soldaten und de-

ren Familien um, baute Tennisanlagen, Skilifte und einen Golfplatz. Insgesamt mehr als fünf Millionen Gäste sollen bis 1995
auf dem Obersalzberg beherbergt worden sein, als die Armee
abzog und das Gelände wieder zurück an den Freistaat Bayern
gab. Dieser beschloss, auf dem historisch belasteten Areal ein
Zweisäulenmodell umzusetzen: Die ganze Schönheit des Berges
sollte wieder von allen genossen werden können. Dazu wurde
ein Hotelneubau geplant. Zugleich aber sollte die Vergangenheit
nie vergessen werden können – dafür sorgte ein Dokumentati-
onszentrum, das bereits 1999 eröffnet wurde.

2005 folgte das Fünf-Sterne-Superior-Hotel Intercontinental
Berchtesgaden. In Form eines Hufeisens schmiegt sich das moderne Bergresort seitdem um die Kuppe des Eckerbichl – samt
Fitnesscenter, Spa, Golfanlage und Helikopterlandeplatz. Es ist
für die international tätige Intercontinental Hotels Group eines
ihrer prestigeträchtigsten Häuser. Doch auch im Hotel selbst
will man die Vergangenheit stets im Blick behalten. Die Mitarbeiter des Resorts sind speziell auf das sensible Thema der NS-
Zeit geschult. Wer hier einkehrt, soll den Ausblick genießen –
ohne aber die Geschichte aus den Augen zu verlieren.

ADRESSE	Intercontinental Berchtesgaden Resort, Hintereck 1, Berchtesgaden, Deutschland, http://berchtesgaden.intercontinental-germany.com
ZIMMER	138
STERNE	5
BAUJAHR	2005
BERÜHMTE GÄSTE	Anastacia, Depeche Mode (Musiker), Kurt Faltlhauser (Politiker)
DO IT YOURSELF	Ein Besuch des Dokumentationszentrums gehört zu einem Besuch des Obersalzbergs.

6 Grand Hotel Heiligendamm
Wo die G8 in einen Strandkorb passte

Es ist seit jeher so etwas wie der Treffpunkt der Reichen und Schönen auf der Suche nach einem entspannten Urlaub am Meer: das Grand Hotel Heiligendamm. Im Jahr 2007 jedoch war die mondäne Anlage sogar so etwas wie der Nabel der Welt. Drei Tage verbrachten damals die Staatschefs der führenden Industrienationen anlässlich des G8-Gipfels auf dem Gelände in Mecklenburg-Vorpommern direkt an der Ostsee.

Fernsehzuschauer waren Zeugen, wie Politiker von **George W. Bush** über **Angela Merkel** und **Tony Blair** bis hin zu **Wladimir Putin** beim abendlichen Getränk auf der Veranda zusammenkamen, wie sie in einem überdimensionalen Strandkorb für das obligatorische Gruppenfoto Platz nahmen. Und wie die Globalisierungsgegner weit vor den Toren Heiligendamms zu Protesten aufliefen. Denn das Tagungsgelände war damals weiträumig abgesperrt. Dies war ein Grund dafür, dass die Wahl des Austragungsortes auf das Seebad fiel – ein Seebad mit langer Geschichte, schließlich war es in Deutschland das erste seiner Art.

Die Geschichte des Grandhotels begann mit einigen Leiden **Herzog Friedrich Franz' I. von Mecklenburg-Schwerin**. Der stieg 1793 auf Anraten seines Leibarztes in Heiligendamm in die Ostsee, um sich durch die heilende Kraft des Meerwassers von einer Reihe von Erkrankungen zu befreien. Und er setzte damit so etwas wie einen Trend: Der Adel aus ganz Europa folgte, und es entstand in der ersten Hälfte des 19. Jahrhunderts eine fürstliche Siedlung aus Bade- und Logierhäusern. Vor allem die Baumeister **Johann Christoph Heinrich von Seydewitz, Carl**

Theodor Severin und **Georg Adolph Demmler** prägten damals das architektonische Bild Heiligendamms. Deutschlands erstes Seebad war geboren.

Es folgten noch mehr Innovationen: 1823 entstand zwischen Heiligendamm und Doberan Europas erste Galopprennbahn – die Erholung suchenden Kurgäste verlangten zunehmend nach etwas Abwechslung. Eine Schmalspurbahn, die noch heute unter dem Namen »Molli« existiert, verbindet Seebad und Rennbahn seit 1862. Später wurde sie bis nach Kühlungsborn verlängert.

Nach dem Zweiten Weltkrieg übernahm die DDR-Regierung auch in Heiligendamm das Zepter. Einige der historischen Gebäude wurden fortan als Sanatorium genutzt, zudem erhielt die Fachschule für angewandte Kunst hier an der Ostsee ihren Sitz. Erst lange nach der Wende, im Juni 2003, kehrte der Tourismus für jedermann zurück: Das Grand Hotel Heiligendamm wurde wiedereröffnet und sogleich viel gefeiert, vor allem zu Zeiten des G8-Gipfels. Schnell schien jedoch deutlich: Ein Fünf-Sterne-Haus weit ab von jeder Großstadt hat es heutzutage nicht leicht. Unterschiedliche Auffassungen über Sanierung und Ausrichtung führten zum Ausstieg der Kempinski-Gruppe als Betreiberin – woraufhin das Grandhotel zunächst in Eigenregie der Besitzer geführt wurde. Im Februar 2012 schließlich meldeten sie Insolvenz an, ohne jedoch den Hotelbetrieb einzustellen. Inzwischen ist das Haus in neue Hände übergegangen. Deutschlands ältestes Seebad soll auch weiterhin ein Ziel für Erholungsuchende bleiben.

ADRESSE Grand Hotel Heiligendamm, Prof.-Dr.-Vogel-Straße 6, Bad Doberan/Heiligendamm, Deutschland, www.grandhotel-heiligendamm.de

ZIMMER	204
STERNE	5
BAUJAHR	1793
BERÜHMTE GÄSTE	Wladimir Putin, George W. Bush, Tony Blair (Politiker)
DO IT YOURSELF	Nehmen Sie Platz in einem Strandkorb – und fühlen Sie sich einen Augenblick wie Merkel, Bush & Co.

7 The Hotel Windsor, Melbourne
Wo Australiens Verfassung entworfen wurde

Es ist gar nicht so einfach, in Australien Hinterlassenschaften aus dem 19. Jahrhundert zu finden – die Geschichte des Staates ist einfach zu jung, als dass dort in jener Zeit viel Bleibendes hätte hinterlassen werden können. Über Jahrtausende lebten die Aborigines, die Ureinwohner, fern von jeglicher Entwicklung im Rest der Welt. Nach mehreren kurzen europäischen Expeditionen waren es die Briten, die Australien erst 1770 kolonialisierten und nach ihren Vorstellungen entwickelten.

Insofern braucht man eigentlich keine besonders lange Geschichte aufzuweisen, um auf dem »roten Kontinent« als geschichtsträchtig zu gelten – das Hotel Windsor in Melbourne kann dies jedoch auch nach europäischen Maßstäben: Im Dezember 1883 wurde es in der späteren vorübergehenden Hauptstadt Australiens eröffnet und ist damit älter als viele Traditionshotels im Rest der Welt. Zudem lag hier gewissermaßen die Wiege des modernen Australien: Es sollen die Räume des Windsor gewesen sein, in denen im Februar und März 1898 die Verfassung des Landes entworfen wurde. Weit hatten es die Verfasser damals nicht: Das Hotel liegt gleich gegenüber dem Parlamentsgebäude des Bundesstaates Victoria in der Spring Street. Hier tagte zunächst auch das australische Parlament, bevor mit Canberra ein eigenes Hauptstadtareal errichtet wurde.

George Nipper, erfolgreicher Reeder, war der Gründer des Hotel Windsor. Schon lange hegte er den Traum eines Luxushauses für Melbourne – der britische Architekt **Charles Webb** entwarf es ihm: einen Prachtbau, der zu Beginn unter dem Namen »The Grand« firmierte.

Nipper geriet jedoch wegen seiner weiteren Geschäfte bald in wirtschaftliche Schwierigkeiten und verkaufte das Hotel an den Politiker **James Munro**. Dieser investierte massiv: Er verdoppelte die Fläche des späteren Windsor und ließ unter anderem einen großen Festsaal anbauen. Und er änderte die Geschäftspolitik: Munro war ein entschiedener Gegner von Alkohol, weshalb er den Ausschank in seinem Hotel fortan untersagte. Aus dem Grand wurde das Grand Coffee Palace, ein Name, der zu jener Zeit in Australien üblich war für Hotels ohne Alkohollizenz. Viel Erfolg schien er mit seinem Konzept nicht gehabt zu haben: Munro ging bankrott.

1897 wechselte das Hotel deswegen erneut den Besitzer. Das Grand, wie es nun wieder hieß, fusionierte mit dem benachbarten Old White Hart Hotel, das es schließlich sogar überdauern sollte. Heute steht ein Flügel des Hotels auf dem Gelände des 1960 abgerissenen Old White Hart.

Ein Besuch des Prinzen von Wales war 1923 ausschlaggebend für einen erneuten Namenswechsel: Um an dessen Mittagessen im Ballsaal des Hotels zu erinnern, benannten die Inhaber das Haus um in Hotel Windsor, in Anlehnung an das Haus Windsor, die königliche britische Familie. In der Stadt hatte der aufwendige Bau daraufhin schnell einen Spitznamen inne: »Duchess of Spring Street«, die Herzogin der Spring Street.

Die Zeit zog indes nicht spurlos an dem prachtvollen Gebäude vorüber: 1976 drohte der Abriss des in die Jahre gekommenen Windsor, weshalb der Bundesstaat Victoria einsprang. Er erwarb das Hotel, um es als wichtigen Teil des Landes zu erhalten. Schließlich war es bereits damals das älteste erhalten gebliebene Hotel Australiens. Die indische Oberoi-Gruppe betrieb das Hotel fortan und erwarb es schließlich 1990, nicht ohne es mehrfach zu renovieren. 2005 schließlich wurde es wieder unabhängig: Die Halim-Familie aus Indonesien übernahm das Haus. Sie betreibt es bis heute.

ADRESSE	The Hotel Windsor, 111 Spring Street, Melbourne, Australien, www.thehotelwindsor.com.au
ZIMMER	180
STERNE	5
BAUJAHR	1883
BERÜHMTE GÄSTE	Muhammad Ali (Boxer), Katharine Hepburn, Vivien Leigh (Schauspielerin)
DO IT YOURSELF	Es gibt ihn noch, den Ballsaal, in dem der Prinz von Wales einst aß. Auch eine Suite ist nach dem Haus von Windsor benannt. Mehr Landesgeschichte kann man gegenüber im Parlamentsgebäude erleben.

8 Brenners Park-Hotel & Spa, Baden-Baden
Wo der Élysée-Vertrag Gestalt annahm

Das Brenners Park-Hotel hatte bereits eine lange Geschichte hinter sich, bevor es 1962 Umgebung für ein geschichtsträchtiges Ereignis wurde: Am 15. Februar fanden hier die Vorgespräche zum deutsch-französischen Freundschaftsvertrag statt, später Élysée-Vertrag genannt. Er sollte das endgültige Ende der zuvor immer wieder aufflammenden Feindschaften sein. Der Élysée-Vertrag verpflichtete beide Regierungen künftig zu Konsultationen in allen wichtigen Fragen der Außen-, Sicherheits-, Jugend- und Kulturpolitik.

Der damalige Bundeskanzler **Konrad Adenauer** wohnte anlässlich des Treffens mit dem französischen Staatspräsidenten **Charles de Gaulle** in einem der Appartements des Brenners. De Gaulle war an jenem 15. Februar nur tagsüber zu Gast. Noch heute zeugt eine Messingplakette vor dem Büro des geschäftsführenden Direktors von diesem Ereignis.

Dass man sich für das Gipfeltreffen das Brenners Park-Hotel aussuchte, lag womöglich auch ein Stück in der Vergangenheit begründet: Lange bevor sich Deutschland und Frankreich gleich in drei Kriegen als Feinde begegneten, hatte das Hotel einen anderen französischen Staatsmann zu Gast: **Napoleon III.** soll bereits im Brenners empfangen worden sein. Damals jedoch trug das Hotel noch einen anderen Namen: »Stephanie-les-Bains«, Stephanienbad. Der sollte an **Prinzessin Stephanie von Baden**, die Adoptivtochter Napoleons und frühere Landesmutter Badens, erinnern.

Als Stephanienbad wurde das Brenners auch 1834 an der Lichtentaler Allee eröffnet und schnell zum Anziehungspunkt der feinen französischen Gesellschaft. Am 21. Oktober 1872 erwarb es der Baden-Badener Hofkleidermacher **Anton Brenner**. Sein Sohn **Camille** startete 1882 mit dem Ausbau des Gebäudes. Mit ihm begann auch der Aufstieg des Hauses zu einem Grandhotel von Weltrang. Mit damals mehr als 200 Zimmern und komfortabelster Ausstattung wurde das Hotel zu so etwas wie dem glänzenden Zentrum Baden-Badens, einer Stadt, die sich zu einem der führenden Kurorte entwickelte.

1922 stieg die Familie Oekter in das Unternehmen ein, erwarb 1941 schließlich die Mehrheit. Bis heute gehört das Brenners zur Hotelkette »Oetker Collection«. Nach dem Zweiten Weltkrieg wurde das Gebäude zum Hauptquartier des Oberbefehlshabers der französischen Streitkräfte in Deutschland, der es jedoch 1949 wieder für den Hotelbetrieb freigab.

Deutsch-französische Begegnungen gab es übrigens immer wieder: Im Juli 1980 reiste Frankreichs damaliger Staatspräsident **Valéry Giscard d'Estaing** ins Brenners, um mit Bundeskanzler **Helmut Schmidt** zusammenzutreffen. Dessen Nachfolger **Helmut Kohl** enthüllte 1995 gemeinsam mit Staatspräsident **Jacques Chirac** zum 66. deutsch-französischen Gipfel vor dem Kurhaus einen Gedenkstein, der an das historische Gipfeltreffen von 1962 erinnert.

Chirac lobte das Brenners denn auch im Vorwort zu einer Chronik anlässlich des 125-jährigen Bestehens des Hotels: »Als Sitz der deutsch-französischen Tagungen war das Brenners Park-Hotel im Laufe der Jahre ein privilegierter Zeuge für die Kontinuität und die Tiefe der Beziehungen zwischen Frankreich und Deutschland – in der Perspektive eines immer mehr zusammenwachsenden Europas.«

ADRESSE   Brenners Park-Hotel & Spa, Schillerstraße 4/6, Baden-Baden, Deutschland, www.brenners.com

ZIMMER	100
STERNE	5
BAUJAHR	1834
BERÜHMTE GÄSTE	Charles de Gaulle, Valéry Giscard d'Estaing, Konrad Adenauer (Politiker)
DO IT YOURSELF	Vieles erinnert an die frankophile Vergangenheit – unter anderem eine Messingplakette, mit der der Unterzeichnung des Élysée-Vertrags gedacht wird.

9 Steigenberger Grandhotel Petersberg, Bonn
Wo das Petersberger Abkommen geschlossen wurde

Es existiert zugegebenermaßen eine ganze Reihe von Orten, die für die Geschichte der Bundesrepublik Deutschland von Bedeutung gewesen sind. Im Grandhotel Petersberg bei Bonn aber nahm die Geschichte in gewisser Weise ihren Lauf. Am 22. November 1949 wurde an diesem Ort das Petersberger Abkommen geschlossen, eine Vereinbarung der noch jungen Bundesrepublik mit den alliierten Siegermächten über den künftigen Weg Deutschlands. Die Aufnahme des Landes in internationale Organisationen, die Eingliederung in die Gemeinschaft der europäischen Staaten, der Marshallplan – all jenes wurde an diesem Tag auf dem Petersberg besiegelt. Dabei zeigte der erste Bundeskanzler **Konrad Adenauer** nur gut vier Jahre nach Kriegsende ein neues Selbstbewusstsein: Der Christdemokrat betrat wie selbstverständlich jenen Teppich, der die Hohen Kommissare der Siegermächte eigentlich optisch von den Vertretern des neuen deutschen Staates trennen sollte. Eine bestimmende Haltung Adenauers, die auch die nächsten Jahre seiner Politik bestimmen sollte.

Der Hintergrund des ungewöhnlichen Ortes, fernab von den großen Zentren des Landes, scheint simpel: Weite Teile Deutschlands waren im Krieg zerstört worden, deswegen gab es einen gewissen Mangel an repräsentativen Gebäuden. So kam es, dass die Hohen Kommissare, bis zum Ende des Besatzungsstatus 1955 die Vertreter der Siegermächte in Deutschland, ausgerechnet auf dem Petersberg ihr Domizil aufschlugen. Von 1949 bis 1952 waren sie hier im Siebengebirge ansässig. In den vier Jahren zuvor hatten die von 1888 an entstandenen Gebäude als Erholungsheim für belgische Soldaten gedient.

Es war nicht das erste Mal, dass der Petersberg Politiker anzog: Bereits 1938 residierte der damalige britische Premierminister **Arthur Neville Chamberlain** im Hotel am Petersberg, während er mit Hitler auf der anderen Rheinseite in der Sudetenkrise verhandelte. Chamberlain gilt als erster großer Staatsgast des Hauses. Doch er war alles andere als der letzte: Zwischen 1955 und 1969 diente das Grandhotel Petersberg als Gästehaus der Bundesregierung. Seit 1990 hat es diese Funktion erneut inne. 1965 übernachtete die britische **Königin Elizabeth II.** hier, später auch der Schah von Persien. 1973 wurde das zu jener Zeit eigentlich längst geschlossene Hotel eigens für einen Staatsbesuch des damaligen sowjetischen Staatschefs **Leonid Breschnew** in Teilen saniert. Nicht die einzige Besonderheit dieses Besuchs: Breschnew soll, so die Überlieferung, auf der damals schlecht ausgebauten Serpentinenzufahrt zum Petersberg ausgerechnet sein Gastgeschenk, einen nagelneuen Mercedes, zu Schrott gefahren haben.

Anschließend war erst einmal Schluss mit den Staatsbesuchen: Als einfaches Hotel lag das Areal am Petersberg zu weit ab vom Schuss. Und auch die Bundesregierung sah sich nach anderen Repräsentationsmöglichkeiten um. 1978 griff die Bundesrepublik dann wieder auf den Komplex zurück, um ihn endgültig zum Gästehaus der Regierung ausbauen zu lassen. Doch das Projekt gestaltete sich – auch durch Regierungswechsel – schwierig. Erst 1985 begannen die dringend notwendigen Umbauten und Sanierungsmaßnahmen. 1990 schließlich wurde das neue Areal in Zeiten eines sich abzeichnenden Regierungsumzugs nach Berlin eröffnet. Betrieben wird das Hotel seitdem von der Steigenberger-Gruppe – jedermann kann hier einbuchen, selbst ein zunächst vereinbartes Erstbelegungsrecht durch die Bundesregierung wird heute quasi nicht mehr ausgeübt.

Inzwischen wurde das Grandhotel Petersberg wiederholt Schauplatz großer Ereignisse – am bekanntesten wohl die seit 2001 mehrfach dort stattgefundenen Afghanistan-Konferenzen.

ADRESSE	Steigenberger Grandhotel Petersberg, Königswinter, Deutschland, www.steigenberger.com/Koenigswinter_Bonn
ZIMMER	99
STERNE	5
BAUJAHR	1888
BERÜHMTE GÄSTE	Königin Elizabeth II. (Staatsoberhaupt), Bill Clinton, Michail Gorbatschow, Hamid Karsai (Politiker)
DO IT YOURSELF	In der Rotunde des Hotels fand 2001 die erste Afghanistan-Konferenz statt – und seitdem immer wieder bedeutende Zusammenkünfte aus Politik und Wissenschaft.

10 Grand Hotel Wien
Wo die IAEO begann

Immer wieder ist die Internationale Atomenergie-Organisation (IAEO) in den vergangenen Jahren in den Schlagzeilen gewesen – meist ging es um nichts Erfreuliches. Während der Irakkrise waren es Kontrolleure dieser Organisation der Vereinten Nationen, die rund um Bagdad auf die Suche nach unerlaubten Atomanlagen gingen. Sie sind es, die auch in Nordkorea und dem Iran Atomprogramme überwachen sollen – und dabei mit einer gewissen Regelmäßigkeit immer wieder mal des Landes verwiesen werden. Die IAEO, eigentlich das oberste Aufsichtsgremium aller Nationen für atomare Technik, ist im weltweiten Kampf um Macht und Interessen immer wieder zu einer Art Spielball geworden.

Dabei wurde die Organisation 1957 aus gutem Grund ins Leben gerufen: Die Kernenergie war auf dem Vormarsch und offenkundig nicht mehr aufzuhalten. Gleichzeitig hatte die ganze Welt jedoch noch die Bomben von Hiroshima und Nagasaki in Erinnerung und damit die beängstigenden Möglichkeiten, die Atomenergie auch im militärischen Bereich bieten kann. Die IAEO soll laut Satzung dafür sorgen, dass die Technik friedlichen Zwecken zugutekommt – und niemals wieder eine Atombombe detonieren kann.

Was mitunter vergessen wird: Trotz internationaler Tätigkeitsgebiete ist die IAEO eng mit Wien verbunden. Hier wurde die Organisation gegründet, hier hat sie bis heute ihren Sitz. Und begonnen hat alles – in einem Hotel! Das fulminante Grand Hotel Wien am zentralen Kärntner Ring war viele Jahre Heimat der IAEO.

Gerade erst waren die sowjetischen Besatzer abgezogen und hatten das Haus freigemacht für eine erneute Hotelnutzung – da erwarb es die österreichische Regierung 1958. Sie benötigte dringend ein zentrales und repräsentatives Gebäude, um mit der IAEO nach den Jahren des Zweiten Weltkrieges und der Isolation endlich in ein neues Zeitalter starten zu können. Noch im selben Jahr bezog die Organisation ihr Domizil und blieb ihm bis 1979 treu. Dann siedelte sie in die neu entstandene Uno-City an die Donau um – immer noch in Wien.

Der Umzug bedeutete zunächst ein abruptes Ende der großen Geschichte des Grandhotels: Ein Brand beschädigte das Gebäude in den Folgejahren, und es stand daraufhin lange leer. Erst 1989 erwarb die japanische Fluglinie All Nippon Airways den Bau, um ihn wieder als Hotel zu eröffnen. Was folgte, war eine Totalsanierung, wie sie Hotels selten erleben: Das gesamte Gebäude wurde entkernt und im Inneren komplett neu hochgezogen. Stehen blieben nur die Außenmauern. 1994 eröffnete All Nippon Airways das Grand Hotel Wien, und damit begann so etwas wie ein zweites Leben für das alte Gebäude.

Entstanden war das Grandhotel ursprünglich im Jahr 1870. **Anton Schneider**, ein Wiener Hotelier, beauftragte den Architekten **Carl Tietz** mit den Planungen. Tietz war zu jener Zeit ein bekannter Architekt der österreichischen Hauptstadt und prägte diese mit einer ganzen Reihe von Gebäuden, unter anderem dem Palais Schlick und dem Palais Gutmann. Eröffnet wurde das Hotel am 10. Mai 1870, damals noch mit rund 300 relativ kleinen Zimmern. Im Jahr 1911 erwarb der Eigentümer zwei Nachbargebäude und gliederte sie in das Hotel ein. Heute beschränkt sich der Hotelbetrieb jedoch wieder auf den alten Kern von 1870.

Trotz aller Höhen und Tiefen in der österreichischen Geschichte blieb das Grand Hotel Wien über viele Jahre eines der ersten Häuser der Stadt: Vertreter aus Kunst, Kultur und dem europäischen Adel stiegen bei einem Wien-Aufenthalt meist hier ab. 1958, kurz vor dem Einzug der IAEO, drehte **Anatole Litvak** seinen eigentlich von Budapest handelnden Film *Die Reise* hier. **Yul Brynner** und **Deborah Kerr** spielen darin Hauptrollen. Bereits ein Jahr zuvor hatten europäische Luftfahrtexperten hier residiert, als sie bei der Gründung von Austrian Airlines halfen.

ADRESSE	Grand Hotel Wien, Kärntner Ring 9, Wien, Österreich, www.grandhotelwien.com
ZIMMER	205
STERNE	5
BAUJAHR	1870, Totalsanierung 1989
BERÜHMTE GÄSTE	Emil Jannings, Heinz Rühmann, Yul Brynner (Schauspieler)
DO IT YOURSELF	Das Grandhotel sieht überall fürstlich und historisch aus – wirklich original ist die alte Anmutung jedoch nur von außen. Die Fassade überdauerte auch die Totalsanierung Anfang der 90er-Jahre.

11 Villa Rothschild Kempinski, Königstein
Wo die Bundesrepublik entworfen wurde

Vieles wird in der Geschichte der Bundesrepublik mit Bonn und Berlin in Verbindung gebracht. Die eine Stadt war einst Regierungssitz, die andere ist es heute. So etwas wie die »Wiege der Nation« aber liegt ganz woanders: in der Villa Rothschild in Königstein bei Frankfurt am Main – heute ein romantisches Fünf-Sterne-Hotel.

Als »Haus der Länder« war das Anwesen im Taunus 1948 und 1949 bekannt. Der Parlamentarische Rat der Länder tagte hier in dem von den Kriegsbomben verschont gebliebenen Komplex. Die wichtigsten Politiker des Nachkriegsdeutschlands gingen zu jener Zeit ein und aus, ebenso zahlreiche Diplomaten der Besatzungsmächte. Die Ministerpräsidenten stellten in der Villa Rothschild die Weichen für die künftige Bundesrepublik: Wegweisende Gründungsverträge wurden hier unterzeichnet, die Grundzüge des 1949 beschlossenen Grundgesetzes. CDU und CSU einigten sich in Königstein auf die künftige Zusammenarbeit als Fraktionsgemeinschaft. Die Villa Rothschild war – zumindest für kurze Zeit – das Zentrum des politischen und wirtschaftlichen Wiederaufbaus Westdeutschlands.

Mit der Wahl Bonns zum Regierungssitz wurde das Anwesen für die Politik redundant. 1955 erwarb die Stadt Königstein die Villa samt des sie umgebenden 104.000 Quadratmeter großen Parks und ließ das Gebäude zum Hotel umbauen. Unter dem Namen Hotel Sonnenhof beherbergte es zwischen 1956 und 2005 zahlreiche, teils prominente Gäste: Politiker wie Walter Scheel und Willy Brandt zählten dazu, aber auch Schauspieler wie Sophia Loren.

Nach einem größeren Umbau eröffnete das Hotel 2007 neu unter dem historischen Namen Villa Rothschild. Um den ursprünglichen Eindruck der prachtvollen Villa wiederherzustellen, wurden Anbauten aus den 60er-Jahren abgerissen. Seitdem ist sie mit nur 22 Zimmern eines der kleinsten Luxushotels der Welt. Und noch mehr: Die Konrad-Adenauer-Stiftung ehrte die Villa Rothschild 2009 gemeinsam mit dem Brandenburger Tor und der Leipziger Nikolaikirche als »Ort der Freiheit und Demokratie«. Sie alle hatten für die politische Entwicklung des Nachkriegsdeutschlands besondere Bedeutung.

Die Villa Rothschild wurde zwischen 1888 und 1894 für den Frankfurter Bankier **Wilhelm Carl von Rothschild** und seine Frau **Hannah Mathilde** erbaut. Die Fertigstellung feierten beide 1894 mit einem herrschaftlichen Fest, unter anderem mit **Kaiserin Victoria**, der Frau des deutschen Kaisers Friedrichs III., und dem Prinzen von Wales. Auch in den folgenden Jahren gaben sich Monarchen und Adlige in der Villa gewissermaßen die Klinke in die Hand.

Wilhelm Carl von Rothschild starb 1901, seine Frau 1924. Daraufhin ging das Anwesen an ihren Enkel Rudolf von Goldschmidt-Rothschild über. Dieser musste jedoch unter dem Druck des Naziregimes 1938 in die Schweiz flüchten und trat die Villa an **Georg von Opel** ab, der sie schließlich an die Reichsgruppe Banken weiterreichte. Um ein Haar wäre sie den Zerstörungsaktionen während des November-Pogroms gegen jüdische Einrichtungen zum Opfer gefallen – doch der damalige Bürgermeister erhielt offenbar Anweisungen der Behörden, das Gebäude zu verschonen. Auch von Kriegsbomben wurde es nicht getroffen. Bis 1945 waren in der Villa Büros der Frankfurter Metallgesellschaft AG sowie deren Tochter Lurgi untergebracht.

ADRESSE	Villa Rothschild Kempinski, Im Rothschildpark, Königstein/Frankfurt, Deutschland, www.kempinski.com/de/frankfurt/villa-rothschild
ZIMMER	22
STERNE	5
BAUJAHR	1888
BERÜHMTE GÄSTE	Willy Brandt, Walter Scheel, Hans-Dietrich Genscher (Politiker), Sophia Loren (Schauspielerin)
DO IT YOURSELF	Im Weißen Salon berieten die Ministerpräsidenten über die Ausgestaltung des Grundgesetzes.

12 Hotel Metropol, Moskau
Wo die Sowjetunion geprägt wurde

Die Geschichte der Sowjetunion ist zumindest in Teilen auch eine Geschichte des Hotel Metropol in Moskau. Nach der russischen Revolution 1917 zog es die neuen Machthaber um **Wladimir Iljitsch Lenin** bald nach Moskau. Und das Hotel Metropol, ein prachtvoller Bau im Art-nouveau-Stil, wurde zur Residenz ihres Allrussischen Zentralen Exekutivkomitees. Im Volksmund bekam das Gebäude schnell den Namen »Zweites Haus der Sowjets« – der zweite Regierungssitz. **Georgi Wassiljewitsch Tschitscherin, Nikolai Iwanowitsch Bucharin** und **Jakow Michailowitsch Swerdlow** lebten und arbeiteten zeitweise im Metropol. Lenin selbst hielt vom Hotel aus zahlreiche Ansprachen vor seinen auf der Straße versammelten Anhängern. Die frühen Jahre der Sowjetunion wurden in weiten Teilen hier in den schon damals überaus kapitalistisch-prunkvoll ausgestatteten Räumen konzipiert und geprägt.

Schon bald lernte die Führung des Staates, dass sie den Kontakt zum Ausland nicht abbrechen lassen durfte. Dafür wiederum waren repräsentative Unterbringungsmöglichkeiten für hochkarätige Gäste notwendig. In den 30er-Jahren des 20. Jahrhunderts wurde das Metropol deswegen wieder seinem eigentlichen Zweck zugeführt: dem Hotelbetrieb. Berühmte Besucher wie Ernst Thälmann oder Mao Zedong wurden in den folgenden Jahren hier empfangen, auch George Bernard Shaw und Bertolt Brecht. Bei niemandem sollte ein Zweifel daran aufkommen, dass die Sowjetunion die einzig wahre Weltmacht darstellen würde. Und dass sie es sich leisten konnte, Gäste angemessen zu empfangen. Während des Zweiten Weltkrieges waren internationale Journalisten in dem Hotel untergebracht, damit sie die regierungsgeprägte Sicht weitergeben konnten. Eigens für sie fungierte das Metropol während dieser Zeit als Pressezentrum.

Nach dem Krieg zog das Haus zunehmend Geschäftsreisende und Touristen aus dem westlichen Ausland an. Einheimische Besucher wurden in einem eigenen Trakt untergebracht, denn im Metropol und seinen Bars und Restaurants wurden zu jener Zeit ausschließlich harte Devisen akzeptiert.

Das Ende der Sowjetunion erlebte das Hotel gar nicht mehr im laufenden Betrieb mit: 1986 wurde es geschlossen, um das in die Jahre gekommene Gebäude auf Vordermann zu bringen. Finnische und russische Architekten modernisierten das Metropol von Grund auf, ohne aber dessen alten Charme verschwinden zu lassen. Diese aufwendige Renovierung dauerte ganze fünf Jahre – und überdauerte damit die Sowjetunion. Ende 1991, der neue russische Staat wurde gerade frisch gegründet, setzte die Neueröffnung auch ein Zeichen für einen Neustart des ganzen Landes.

Im September 2012 versteigerte die Stadt Moskau das inzwischen wieder renovierungsbedürftige Gebäude, das ihr aus historischen Gründen immer noch gehörte. Für umgerechnet 220 Millionen Euro übernahm es die bisherige Betreibergesellschaft – allerdings ohne viele der zum Teil 200 Jahre alten Einrichtungsgegenstände. Die verblieben im Besitz der Stadt.

Die Geschichte des Metropol reicht bis weit zurück ins 19. Jahrhundert. Der russische Industrielle **Sawwa Iwanowitsch Mamontow** ließ das Hotel 1898 in Auftrag geben, um Russland eine Herberge auf europäischem Niveau zu bieten. Mehrere Künstler und Architekten wurden damit beauftragt, das beste Haus des Landes zu schaffen. Es wurde 1901 eröffnet und erhielt schnell den Beinamen »Turm von Babel des 20. Jahrhunderts«.

Allerdings wurde das Hotel im Gegensatz zum biblischen Bau durchaus vollendet. Die Moskauer strömten zu Tausenden heran, um das Metropol zu sehen – schließlich bot es alles, was andere Hotels in Russland zu jener Zeit vermissen ließen: Kühlschränke, Aufzüge, Telefone und heißes Wasser.

Bis heute gilt der Bau als eines der wichtigsten Beispiele des Art nouveau in Russland. Die prachtvollen Glasfenster, die verzierten Decken, die aufwendigen Mosaike suchen nach wie vor landesweit ihresgleichen.

ADRESSE	Hotel Metropol, 2 Teatralny Proezd, Moskau, Russland, www.metropol-moscow.ru/default-en.html
ZIMMER	360
STERNE	5
BAUJAHR	1901
BERÜHMTE GÄSTE	Bill Clinton (Politiker), Michael Jackson (Sänger), Bertolt Brecht (Schriftsteller)
DO IT YOURSELF	Am besten lässt sich die Atmosphäre vergangener Tage im Metropol-Restaurant erleben – Lenin hielt hier einige seiner großen Reden.

13 Erfurter Hof, Erfurt
Wo Willy Brandt Geschichte schrieb

Es gab bereits im Vorfeld viele Diskussionen – nicht zuletzt um den Austragungsort: Ostberlin sollte eigentlich 1970 der Ort des ersten deutsch-deutschen Gipfeltreffens werden. Doch wollte die DDR-Regierung keine majestätisch anmutende Einfahrt des damaligen deutschen Bundeskanzlers **Willy Brandt** aus dem Westteil der Stadt riskieren. Das Ganze sollte dezenter ablaufen. Also kam man auf Erfurt – weit ab von der geteilten Stadt, tief im Arbeiter- und Bauernstaat. Perfekte Voraussetzungen also für einen Propagandaauftritt ganz nach dem Geschmack der SED-Führungsriege?

Es kam anders. Brandt notierte später in seinem Buch *Erinnerungen:* »Der Tag von Erfurt. Gab es einen in meinem Leben, der emotionsgeladener gewesen wäre?«

Der Bundeskanzler reiste am Morgen des 19. März 1970 mit einem Sonderzug an, via Bebra. Bereits auf der Fahrt winkten Schaulustige an den Gleisen, berichteten Journalisten anschließend in westdeutschen Tageszeitungen. Es war das erste Mal seit Gründung ihrer Staaten im Jahr 1949, dass die beiden deutschen Regierungen miteinander in Dialog traten. »Wandel durch Annäherung«, lautete das von Brandts engem Vertrauten Egon Bahr geprägte Motto. Deeskalation statt Konfrontation – oder, wie es die Regierung damals nannte, die Politik der kleinen Schritte.

Brandt nahm dies wohl unbewusst wörtlich. In Erfurt ging er mit **Willi Stoph**, dem Vorsitzenden des Ministerrats der DDR, den kurzen Weg vom Bahnhof zum gegenüberliegenden Hotel Erfurter Hof zu Fuß. Schon dabei zeigte sich die Aufbruchstimmung, die das Treffen mit sich brachte. DDR-Bürger jubelten Brandt zu und durchbrachen die Sperren von Stasi und Volkspolizei. Nur mit Mühe konnten diese verhindern, dass die Menge den Gipfelteilnehmern ins Hotel folgte. Eine Situation, die mancher mit Unbehagen beobachtete: Seit Jahren registrierte das Hotelpersonal immer wieder, dass auf dem Bahnhofsplatz vor dem Hotel Bürger von Stasi-Mitarbeitern abgeführt wurden.

Während anschließend innen, im zweiten Stock des Hauses in langen Monologen die gegenseitigen Positionen ausgetauscht wurden – Stoph etwa bezeichnete dabei den Mauerbau als »Akt der Menschlichkeit« –, skandierten auf dem Bahnhofsvorplatz Tausende: »Willy, Willy!« Eilig ließ die SED-Führung linientreue Parteimitglieder herbeitelefonieren, die ihrerseits Parolen anstimmten: »Hoch, hoch, hoch – es lebe Willi Stoph!«

Doch das schien die Brandt-Anhänger nur noch zu beflügeln: »Willy Brandt ans Fenster, Willy Brandt ans Fenster!«, riefen sie schließlich. Der Bundeskanzler, dem die Brisanz dieser vorsichtigen Annäherung beider Teile Deutschlands wohl bewusst war, zögerte zunächst und schickte seinen Sprecher **Conrad Ahlers** vor zur Scheibe. Doch schließlich zeigt sich auch Brandt selbst vom Fenster des Erfurter Hofs aus der Menschenmenge.

Der Besuch wird für die DDR-Führung zum PR-Desaster ohnegleichen. In alle Welt gehen die Bilder von Brandt und den jubelnden Schaulustigen – und alle Welt wird damit Zeuge davon, dass die Menschen in der DDR den Westteil Deutschlands entgegen anders lautender Propaganda ihrer Regierung keineswegs als Bedrohung erachten. Der Tag von Erfurt, er gilt im Nachhinein als Beginn der Annäherung beider deutscher Staaten.

Man könnte es als Ironie der Geschichte bezeichnen, dass ausgerechnet der Tagungsort, das Hotel Erfurter Hof, das wiedervereinte Deutschland nicht lange überlebte. Der Traditionsbau, 1904 als bestes Hotel der Stadt erbaut und zu DDR-Zeiten zu einem von insgesamt zwölf westlich orientierten Interhotels umfunktioniert, schloss am 30. Juni 1995 seine Pforten. Zu aufwendig wäre die Sanierung des in die Jahre gekommenen Hauses gewesen, als dass sich in den Nachwendejahren die Investition gelohnt hätte. Willy Brandt kam zuvor noch einmal, am 3. März 1990, um an seinen Auftritt von 1970 zu erinnern. Mit Mikrofon in der Hand zeigte er sich an ebenjenem Fenster, von dem aus er 20 Jahre zuvor noch vorsichtig gelächelt hatte.

Für das Hotel begann mit der Schließung 1995 eine der trostlosesten Zeiten. In seinen Anfangsjahren hatte es zu den besten Häusern Europas gezählt. Ein Nachbarbau, das Haus Kossenhaschen, vergrößerte die Kapazität sogar von 1916 an. Das 1923 im Erdgeschoss eröffnete Palast-Café wurde zu *dem* Treffpunkt Erfurts. Und selbst den Zweiten Weltkrieg überstand der Erfurter Hof nahezu unbeschadet. Nun fristete er ein Schattendasein. Das Gebäude stand leer, bevor es schließlich 2004 von Grund auf saniert wurde. Drei Jahre später, im September 2007, öffnete der Erfurter Hof wieder seine Pforten – allerdings nicht mehr als Hotel, sondern als Geschäftshaus. Nur eine Leuchtschrift auf dem Dach des Gebäudes erinnert heute noch an die große Zeit des Hauses – und vor allem an einen großen Augenblick in dessen Geschichte: »Willy Brandt ans Fenster«, ist darauf zu lesen. Auch der Platz zwischen Hotel und Bahnhof ist inzwischen umbenannt: Er heißt nun Willy-Brandt-Platz.

ADRESSE Erfurter Hof, Willy-Brandt-Platz 1, Erfurt, Deutschland, www.ef-hof.de

BAUJAHR 1904 (schon mindestens 1872 muss es einen Vorgängerbau an selber Stelle gegeben haben)

BERÜHMTE GÄSTE Willy Brandt (Politiker), Juri Gagarin (Kosmonaut), Puhdys, Louis Armstrong (Musiker)

DO IT YOURSELF Der Hotelbetrieb ist seit 1995 eingestellt. An Willy Brandts Auftritt erinnern die Leuchtschrift »Willy Brandt ans Fenster« sowie ein lebensgroßes Foto des Politikers an ebenjenem Fenster, an dem er sich 1970 zeigte.

Hierzulande dürfte man sich vor allem an einen Namen erinnern: **Wilhelm Conrad Röntgen**, Physiker und Entdecker der später nach ihm benannten Strahlen, gehörte zu den ersten Nobelpreisträgern aller Zeiten. Im Jahr 1901 bekam er die erstmals vergebene Auszeichnung für Physik verliehen. Doch so recht konnte die Welt damals noch nichts mit diesem neuen Preis anfangen.

Alfred Nobel, dessen Erbe den Grundstock der Nobel-Stiftung bildete, war gerade fünf Jahre zuvor verstorben. Die Zinsen seines Vermögens sollten, so hatte es der Erfinder des Dynamits hinterlassen, »als Preis jenen zugeteilt werden, die im verflossenen Jahr der Menschheit den größten Nutzen geleistet haben«. Das war nicht unumstritten – vor allem unter seinen Erben. Erst 1901 konnte die Auszeichnung deswegen zum ersten Mal vergeben werden – im Spiegelsaal des Grand Hôtel in Stockholm. Die luxuriöse Atmosphäre schuf den passenden Rahmen für ein Ereignis, das schon bald zu den bedeutendsten der Welt gehören sollte.

In einer festgelegten Prozedur werden seitdem die Preisträger ermittelt. Die Namen unterliegen einer strengen Geheimhaltung, sogar die Ausgezeichneten selbst erfahren die Nachricht erst kurz vor der offiziellen Bekanntgabe im Herbst. Am Todestag Alfred Nobels, dem 10. Dezember, werden die Preise Jahr für Jahr offiziell vergeben.

Bis 1929 geschah dies im Grand Hôtel, dann wurde das Ereignis zu groß, als dass die Räume ausgereicht hätte. Das Nobel-Komitee zog um ins Rathaus der schwedischen Hauptstadt.

Der Friedensnobelpreis hingegen wird in Oslo vergeben – ein Wunsch Nobels war, dass das norwegische Parlament den Preisträger dieser Kategorie bestimmt. Bis heute allerdings spielt das Grand Hôtel eine nicht unwichtige Rolle in der jährlichen Prozedur – denn nach wie vor übernachten die Preisträger hier, wenn sie zur Verleihung nach Stockholm anreisen.

Dass das Hotel schon früh zu solchen Ehren kam, lag vor allem an seinem Ruf: Das Grand Hôtel in Stockholm war das erste Luxushotel Schwedens. 1874 wurde es eröffnet, der Franzose **Jean-François Régis Cadier** hatte die Idee. Bis heute erinnert im Hotel der Name der »Cadier Bar« an ihn. Bis heute hat sich auch die Bedeutung des Hauses für die schwedische Hauptstadt gehalten: Das Grand Hôtel am Hafen, über die Jahre mehrfach erweitert, gilt nach wie vor als erstes Haus am Platze. Was sich auch an einer besonderen Ehre zeigt: Es ist königlicher Hoflieferant.

ADRESSE	Grand Hôtel, Södra Blasieholmshamnen 8, Stockholm, Schweden, www.grandhotel.se/en
ZIMMER	405
STERNE	5
BAUJAHR	1874
BERÜHMTE GÄSTE	Duke Ellington (Musiker), Henry Ford (Industrieller), Jimmy Carter (Politiker), Gregory Peck (Schauspieler)
DO IT YOURSELF	Ein Blick in den nach dem Vorbild des Schlosses Versailles ausgestatteten Spiegelsaal gehört dazu – hier fanden bis 1929 die Nobelpreisverleihungen statt. Für größere Gruppen werden auf Vorbestellung bis heute Menüs der Nobelpreisverleihungen nachgekocht.

15 Fairmont Hamilton Princess, Bermuda
Wo der britische Geheimdienst mitlas

Die Zeiten waren unruhig Ende der 30er-Jahre – nicht nur in Deutschland, sondern in weiten Teilen der Erde. Die Welt schlitterte geradewegs in einen Krieg bislang ungeahnten Ausmaßes. Und unter den Sicherheitsbehörden machte sich allerorten Nervosität breit. Mit Konsequenzen: Die Spionagenetze wurden mehr denn je gepflegt, denn jeder noch so kleine Hinweis konnte am Ende ein entscheidender Vorteil gegenüber dem Feind sein.

So kam es, dass die britische Regierung ausgerechnet auf einem Stützpunkt fern der Heimat eine Basis für die alliierten Streitkräfte einrichtete: auf den Bermudas, einer britischen Kolonie im Atlantik, unweit der US-Küste. Das Kellergeschoss des dortigen Hotels Fairmont Hamilton Princess wurde von 1939 an eines der wichtigsten Zentren der Geheimdienste.

Jegliche Post und sämtlicher Telegrafenverkehr zwischen Europa, dem Nahen Osten und Amerika liefen fortan über diesen einen Stützpunkt im Westatlantik. Die Zensur war penibel ausgelegt: 1.200 Mitarbeiter kontrollierten alle eintreffenden Briefe, bevor sie an die Zieladresse weitergeleitet wurden. Dazu kontrollierte man Rundfunkübertragungen, denn auch hier durfte nichts gesendet werden, das den Regierungen hätte missfallen und dem Feind in die Hände spielen können. Das Fairmont Hamilton Princess wurde intern zu »Bletchley-in-the-Tropics« – angelehnt an das englische Landhaus Bletchley Park, in dem der Enigma-Code der Nazis entschlüsselt worden war. Erst nach dem Zweiten Weltkrieg wurde die Nachrichtenzentrale aufgelöst. Das Hotel nahm wieder in der eigentlichen Form seinen Betrieb auf.

Eröffnet wurde das Fairmont Hamilton Princess ursprünglich am 1. Januar 1885 – damals noch ganz schlicht als Princess Hotel. Der Name erinnert an einen Besuch von Prinzessin Louise, der vierten Tochter Königin Victorias, auf den Bermudas. Im Jahr 1883 soll sie auf der zu Großbritannien gehörenden Inselgruppe gewesen sein und sie als »Ort des ewigen Frühlings« gewürdigt haben. Etwas, das den Bewohnern große Freude bereitete. Der Geschäftsmann **Harley Trott** erkannte das Potenzial: Er ließ das Hotel bauen – vor allem, um reichen Amerikanern ein adäquates Sonnenziel für die Wintermonate bieten zu können.

Zu jener Zeit waren die Bermudas weniger als Urlaubsland bekannt, sondern mehr als Marinestützpunkt der Briten. Ein Viertel der Bewohner der Inseln war Soldaten. Mit dem Princess Hotel sollte sich dieses Schattendasein – vom Zweiten Weltkrieg abgesehen – ändern. Der »Pink Palace«, wie der viergeschossige Bau wegen seiner charakteristischen rosa Außenfarbe schnell genannt wurde, zog zunehmend Touristen an. Der britische Reiseveranstalter **Thomas Cook** begann als erster, von New York aus Reisen in das Hotel zu vermarkten.

Mit den Urlaubern kamen die Berühmtheiten. Neben **Mark Twain** soll auch James-Bond-Autor **Ian Fleming** ein gern gesehener Gast des Hamilton Princess gewesen sein. Er kannte das Hotel noch aus seiner Marinezeit im Zweiten Weltkrieg. Hier in der Gazebo Bar, so vermuten Experten, soll Fleming Szenen für seinen Roman *Dr. No* entwickelt haben.

| **ADRESSE** | Fairmont Hamilton Princess, 76 Pitts Bay Road, Prembroke, Hamilton, Bermuda, www.fairmont.com/hamilton-bermuda |
| **ZIMMER** | 410 |

STERNE	5
BAUJAHR	1885
BERÜHMTE GÄSTE	Ian Fleming, Mark Twain (Schriftsteller), Bette Midler (Schauspielerin)
DO IT YOURSELF	Es gibt in unregelmäßigen Abständen Touren durch das Hotel, auf den Spuren von Spionen und Prominenten.

16 Hotel Bristol, Warschau
Wo Polens Regierung ihren Sitz hatte

Für Polen waren es mitunter schwere Zeiten im 19. und 20. Jahrhundert. Lange Zeit ein von den Anrainerstaaten zerrissenes Land erlangte es erst nach dem Ersten Weltkrieg seine Souveränität zurück. Mit dem Friedensvertrag von Versailles wurde 1919 die Unabhängigkeit der Republik Polen besiegelt – zumindest vorerst. Einem Warschauer Hotel sollte in diesem Zusammenhang eine ganz besondere Rolle zuteil werden: Im Hotel Bristol rief der Komponist **Ignacy Jan Paderewski** im Februar 1919 das erste unabhängige Parlament Polens seit dem 18. Jahrhundert aus. An dessen Spitze stand **Józef Pilsudski**, Paderewski selbst wurde Ministerpräsident und Außenminister.

Auch die ersten Sitzungen der neuen Regierung wurden hier im Hotel Bristol abgehalten. Was simple Ursachen hatte: Nach dem Ersten Weltkrieg waren große Teile der Infrastruktur Warschaus zerstört. Es mussten erst wieder repräsentative Gebäude für Parlament und Regierung hergerichtet werden. Da kam es der jungen Demokratie zugute, dass ausgerechnet ihr neuer Ministerpräsident Mitbesitzer des Hotel Bristol war. Das mit atemberaubenden Jugendstilelementen verzierte Haus galt als luxuriöseste Herberge der Stadt und bot darüber hinaus ausreichend noble Räumlichkeiten für den Aufbau der polnischen Republik.

Doch das Land sollte zunächst nur wenige Jahre ihre Freiheit behalten. Mit dem Einmarsch der Nazis endete vorübergehend auch die glanzvolle Zeit des Hotel Bristol. Die deutschen Besatzer funktionierten den Bau zum Beamtenheim für ihresgleichen um. Fortan prangten deutschsprachige Schilder an dem einstigen Grandhotel, das für das Land eine politisch so bedeutende

Rolle gespielt hatte. Dennoch überstand das Haus den Zweiten Weltkrieg als eines der wenigen Gebäude Warschaus vergleichsweise unbeschadet. Zwar wurde auch das Hotel Bristol in Mitleidenschaft gezogen – doch zu Kriegsende stand es immerhin noch. Was im Zentrum der polnischen Hauptstadt wahrlich nicht von vielen Häusern behauptet werden konnte.

Das Hotel Bristol wurde wieder hergerichtet und 1952 von der neu gegründeten staatlichen Tourismusagentur Orbis übernommen. Sie funktionierte den Luxusbau zu einer Herberge für gut betuchte ausländische Besucher um, die Devisen ins Land brachten. In den Folgejahren gab es zwar immer wieder Pläne für Renovierungsarbeiten – sie wurden jedoch nie umgesetzt. Das altehrwürdige Hotel wurde zunehmend baufällig. Im November 1981 musste es geschlossen werden, genau 80 Jahre nach seiner Eröffnung im Jahr 1901.

Der britische Hotelkonzern Forte erwarb das Hotel Bristol 1991. Das Unternehmen bildete ein Joint Venture mit Orbis und begann mit der aufwendigen Restaurierung. Ziel war es, das Hotel wieder in alter Pracht zu betreiben. Und das gelang: Am 5. Dezember 1992 öffnete das Bristol erneut seine Pforten – so schön und luxuriös wie am ersten Tag. Wenige Monate später eröffnete es die frühere britische Premierministerin **Margaret Thatcher** offiziell. Schon kurz darauf wurde jedoch der Forte-Konzern aufgesplittet, weshalb das Hotel kurzzeitig zum Verkauf stand. Einer der bekanntesten Interessenten soll ausgerechnet Popstar **Michael Jackson** gewesen sein. Er reiste mit Privatjet und Polizei-Eskorte an, um das Haus zu begutachten. Jahre später kam ein weiterer hochkarätiger Gast mit großem Gefolge – wenn auch nicht als potenzieller Käufer: US-Präsident **George W. Bush** machte Schlagzeilen, weil er im kühlen polnischen Herbst ohne Mantel anreiste – den hatte er zuvor bei einem Aufenthalt in Berlin vergessen. Einer der Hotelmanager half aus und lieh Bush seinen eigenen Mantel. Der US-Präsident bedankte sich brav und frohlockte: der Manager habe »sein Leben gerettet«. Das Hotel Bristol gehört heute zur Luxury Collection von Starwood.

ADRESSE	Hotel Bristol, Krakowskie Przedmiescie 42/44, Warschau, Polen, www.hotelbristolwarsaw.pl/de
ZIMMER	206
STERNE	5
BAUJAHR	1901
BERÜHMTE GÄSTE	Margaret Thatcher (Politikerin), Königin Elizabeth II. (Staatsoberhaupt), Dalai Lama (geistliches Oberhaupt der Tibeter), Woody Allen (Schauspieler), Richard Strauss (Komponist)
DO IT YOURSELF	Die Paderewski Suite erinnert heute noch an den ersten Eigentümer des Hotels und Ministerpräsidenten Polens.

V. SCHICKSALE UND SCHICKSALHAFTES

1 Ritz, Paris
Wo Lady Diana ihre letzten Stunden verlebte

Der 31. August 1997 dürfte einer der düstersten Tage in der Geschichte des Pariser Hotels Ritz gewesen sein: **Diana Spencer**, die frühere Ehefrau des britischen Thronfolgers Prinz Charles, war in dem edlen Haus an der Place Vendôme anwesend. Nach dem Abendessen machte sie sich um 0:06 Uhr mit ihrem damaligen Freund **Dodi Al-Fayed** auf den Weg zu dessen Wohnung – und eine Schar Fotografen stürmte hinterher. In einer waghalsigen Verfolgungsjagd geriet der Mercedes der beiden in einer Unterführung ins Schlingern. Er prallte mit viel zu hoher Geschwindigkeit gegen einen Pfeiler. Al-Fayed starb noch an der Unfallstelle, Diana wenig später im Krankenhaus. Die Bilder der beiden von der Überwachungskamera im Ritz gingen später um die Welt: Sie gehören zu den letzten Bilder im Leben Dianas.

Das Pariser Ritz war seit jeher Treffpunkt der Reichen und Schönen. Modedesignerin **Coco Chanel** lebte mehr als drei Jahrzehnte in dem Hotel, wo sie 1971 auch starb. **Marcel Proust** gehörte lange zu den Stammgästen des Hauses, ebenso der spätere **König Edward VII.**, als dieser noch den Titel Prince of Wales trug.

Ernest Hemingway soll 1944 am Tag der Befreiung von Paris als Kriegsberichterstatter in das Ritz gestürmt sein – fortan ließ ihn das Haus nicht mehr los. Hemingway wurde Stammgast, was später unter anderem in der Hotelbar verewigt wurde: Die trug lange Jahre den Namen des dem Alkohol nicht abgeneigten Schriftstellers.

In diesem Zusammenhang beansprucht das Hotel auch, Geburtsort für einen weltweit bekannten Cocktail gewesen zu sein: Der damalige Barchef **Bertin** soll für Hemingway einst die Bloody Mary kreiert haben: Dieser Cocktail unter anderem aus Wodka und Tomatensaft genießt den Ruf, zwar hochprozentig, aber geruchlos zu sein – so konnte Hemingway dem Alkohol frönen, ohne anschließend von seiner Frau Mary Welsh ausgeschimpft zu werden. »Well done!«, soll sich Hemingway dafür bei Bertin bedankt haben, »Bloody Mary never smelt a thing!« (»Gut gemacht, die verdammte Mary hat nie etwas gerochen.«). Genau genommen gibt es aber noch weitere Theorien zur Herkunft dieses Getränks. So behaupten manche, es sei zwar in der Tat in Paris, dort jedoch von **Fernand Petiot** in »Harry's New York Bar« erfunden worden. Andere schreiben die Kreation dem New Yorker »21 Club« zu.

Hinter dem Hotelnamen Ritz verbirgt sich eine weitere Berühmtheit: Der Schweizer **César Ritz** gehörte im frühen 20. Jahrhundert zu den ganz großen Hoteliers der Welt. Mit dem Pariser Ritz erfüllte er sich 1898 den Traum vom eigenen Hotel in Frankreich. Zuvor hatte er unter anderem das Londoner Savoy mit aufgebaut sowie den Frankfurter Hof geprägt. Ritz galt als innovativ und detailverliebt. Mit seinem Hotel in Paris wollte er Maßstäbe setzen.

1979 ging das Haus in den Besitz des ägyptischen Geschäftsmanns **Mohamed Al-Fayed** über, des Vaters von Dianas letztem Freund Dodi. 2012 schloss es für zwei Jahre, um für 140 Millionen Euro grundsaniert zu werden.

Dianas Tod versetzte Großbritannien und etliche weitere Länder in einen Schockzustand. Das Königshaus haderte mit der Entscheidung, der Verstorbenen ein Staatsbegräbnis zukommen zu lassen – denn schließlich gehörte sie nach der Trennung von Charles nicht mehr zu den Windsors. Der frisch ins Amt getretene Premierminister Tony Blair aber redete der

Königin gut zu, da das strenge Protokoll des Königshauses in der Bevölkerung auf völliges Unverständnis stieß. Blair prägte in der Zeit der Trauer den Begriff der »Prinzessin der Herzen«.

ADRESSE	Ritz, 15 Place Vendôme, Paris, Frankreich, www.ritzparis.com
ZIMMER	159
STERNE	5
BAUJAHR	1705 (Hotelausbau 1898)
BERÜHMTE GÄSTE	Coco Chanel (Designerin), Ernest Hemingway (Schriftsteller), Diana Spencer (frühere Prinzessin von Wales)
DO IT YOURSELF	Wie wäre es mit einer Bloody Mary in der Hotelbar? Wo auch immer sie wirklich erfunden worden ist – in dieser Umgebung ist sie perfekt genießbar.

2 Beau Rivage, Genf
Wo eine deutsche Politikerkarriere endete

Es wäre ungerecht, das Beau Rivage auf ein einschneidendes Ereignis am 11. Oktober 1987 zu reduzieren – doch an diesem Tag ging der Name des Genfer Hotels um die Welt. **Uwe Barschel**, neun Tage zuvor als Ministerpräsident von Schleswig-Holstein zurückgetreten, wurde in der Badewanne von Zimmer 317 tot aufgefunden. Das Magazin *Stern* veröffentlichte später ein Bild des Toten und handelte sich damit massive Kritik ein. Einem Fotografen des Magazins war es offenbar gelungen, diese Aufnahme zu machen, noch bevor die Polizei eintraf.

Die genauen Hintergründe des Todes sind bis heute unbekannt – die Vermutungen und Verschwörungstheorien reichen von Selbsttötung bis zum Auftragsmord. Die Vorgeschichte, die als »Waterkantgate« bekannt wurde, ließ einigen Interpretationsspielraum.

Es war das Ende eines Mannes, der sich auf einem aussichtsreichen Karriereweg befand und schließlich ganz tief fiel: Barschel war fünf Jahre Ministerpräsident von Schleswig-Holstein, als ihn 1987 nur einen Tag vor der Landtagswahl ein Skandal überrollte: Das Magazin *Der Spiegel* berichtete am Sonnabend vorab, dass Barschel (CDU) in eine Bespitzelungsaffäre gegen seinen Herausforderer Björn Engholm (SPD) involviert gewesen sein soll. Die CDU verlor daraufhin die Landtagswahl und Barschel musste auf Druck seiner Partei abdanken. Zuvor hatte er seine bekannte »Ehrenwort«-Erklärung abgegeben, in der er seine Unschuld beteuerte. Tag für Tag konnte ihm jedoch im Anschluss mehr nachgewiesen werden. Allerdings brachte auch ein Untersuchungsausschuss keine endgültige Klarheit in die

Bespitzelungsaffäre – und auch die Umstände von Barschels Tod sind selbst nach Jahrzehnten nicht vollständig geklärt.

Reiste der gescheiterte Politiker nach Genf, um einen Informanten zu treffen, wie er zuvor selbst gesagt haben soll? Ermordete ihn dieser Informant schließlich mit einem Medikamentencocktail? Oder zog Barschel selbst die Reißleine und tötete sich bewusst selbst durch Einnahme der Medikamente? Es gab Hinweise, die eine Interpretation in beide Richtungen zuließen. Das Beau Rivage, es wurde für eine ganze Zeit eng verbunden mit dem Tod Barschels.

Genau genommen war es bereits der zweite prominente Todesfall in dem altehrwürdigen Haus: Die österreichische **Kaiserin Sisi** war vom Hotel auf dem Weg zu einem Schiff, als sie am 10. September 1898 von einem Anarchisten niedergestochen wurde. Sie kehrte zurück zum Beau Rivage, wo sie ihren Verletzungen erlag.

Heute ist in dem prominenten Hotel längst der Alltag zurückgekehrt. Das Luxushaus direkt am Ufer des Genfer Sees ist schließlich auch für anderes bekannt – unter anderem fantastische Ausblicke, etwa auf die Fontäne Jet d'Eau sowie auf den majestätisch wirkenden Berg Montblanc. Das Beau Rivage wurde 1865 von **Jean-Jacques Mayer** eröffnet und wird seitdem familiär geführt. Heute leitet es sein Urenkel **Jacques Mayer**. Trotz zahlreicher Modernisierungen versprüht es bis heute den Charme der Gründerzeit.

ADRESSE	Beau Rivage, Quai du Mont Blanc 13, Genf, Schweiz, www.beau-rivage.ch
ZIMMER	91
STERNE	5
BAUJAHR	1865

BERÜHMTE GÄSTE Dalai Lama (geistliches Oberhaupt der Tibeter), Akihito (Kaiser von Japan), Elisabeth von Österreich-Ungarn (»Sisi«)

DO IT YOURSELF Unweit des Hotels erinnert eine Statue des britischen Künstlers Philip Jackson an die Ermordung Sisis.

3

Hotel Sofitel Legend Metropole, Hanoi
Wo Joan Baez und Jane Fonda Zuflucht fanden

Sie galt 1972 nicht gerade als Stadt, in der man gern ist: Im Dezember dieses Jahres bombardierte die US-Armee über mehrere Nächte das vietnamesische Hanoi. Im fast 20 Jahre andauernden Krieg zwischen dem Süden und dem Norden des Landes versuchten die Amerikaner damals, ihre westlich orientierten Verbündeten in Südvietnam zu unterstützen – vergeblich, wie man heute weiß.

Gerade zu jener Zeit reisten amerikanische Künstler nach Nordvietnam, um ihrem Land die Ausmaße dieses sich auswachsenden Krieges vor Augen zu führen. **Jane Fonda** war eine von ihnen. Die US-Schauspielerin sendete im Radio mehrfach Ansprachen aus Hanoi, in der sie die Strategie der amerikanischen Armee massiv kritisierte. »Hanoi Jane«, wie sie daheim schnell genannt wurde, traf damit den Nerv einer ganzen Nation: In einer Zeit, in der die Abscheulichkeit mancher militärischer Maßnahme zunächst noch leicht geheim gehalten werden konnte, berichtete Fonda direkt aus dem Krisengebiet von massiven Bombardements der Armee ihres eigenen Landes, von Leid und Elend. Aufgezeichnet wurde zumindest eine dieser Radioansprachen im Bunker des Metropole-Hotels, das damals Hotel Thong Nhat (Wiedervereinigung) hieß. Bei jedem Bombenangriff der Amerikaner auf Hanoi schickten Hotelmitarbeiter ihre Gäste in jenen 40 Quadratmeter großen unterirdischen Bau aus massivem Beton – Fonda, damals Gast des Hauses, soll hier mehrfach untergekommen sein.

Die Schauspielerin war nicht die einzige bekannte Friedensaktivistin, die das Metropole damals beherbergte: Auch **Joan**

Baez, amerikanische Songwriter-Legende, lernte den Bunker des Hotels kennen. Es soll in einer der Bombardierungsnächte gewesen sein, wie Augenzeugen von damals berichten, als plötzlich das Licht ausging. Baez wurde spontan gefragt, ob sie singen könne, um den Eingeschlossenen die Angst zu nehmen. Sie tat, worum sie gebeten wurde – und auch andere Anwesende sangen. Eingeschlossen unter der Erdoberfläche Hanois versuchten sie, das Geschehen auf den Straßen durch Melodien zu verdrängen.

Kurz darauf hat Joan Baez ihre Erlebnisse aus Hanoi in dem Lied *Where Are You Now, My Son?* verarbeitet. Die Wurzeln des Textes, das wird auch heute noch beim Anhören deutlich, liegen hier im Bunker des Hotel Metropole.

Es lässt sich wohl nur mit einer gewissen Verdrängung nach dem Krieg erklären, dass jener unterirdische Unterschlupf im Laufe der Jahre in Vergessenheit geriet. Die Bombennächte waren spätestens nach der Wiedervereinigung Vietnams 1975 Vergangenheit; das kommunistische Regime hatte zudem zunächst nicht viel übrig für das in kolonialer Zeit erbaute Hotel Metropole. Über den Bunker im Hintergarten des Gebäudes wuchs buchstäblich Gras.

Erst im Jahr 2012 mit dem Wiederaufbau einer Gartenbar bemerkte das neue Management, dass sich tief unter der Erde noch ein Relikt aus Zeiten des Vietnamkrieges befand. Der längst voll Wasser gelaufene Bunker wurde geöffnet, und zum Vorschein kam – neben anderem – eine alte Flasche Wein, eine noch intakte Glühbirne, Feuerschutztüren und alte Graffiti. Das Hotel ließ die Anlage leer pumpen und öffnete sie für Gäste als eine Art Ort der Zeitgeschichte.

Das Metropole wurde 1901 während der französischen Besatzungszeit als Grandhotel ganz im Stil der Kolonialmacht eröffnet. Hanoi wurde kurz darauf zur Hauptstadt des französischen Indochina, das Metropole zu einem Treffpunkt der Franzosen. Nach dem Vietnamkrieg schwand das Interesse am Hotel. Erst nach der vorsichtigen Öffnung Vietnams für Investoren beteiligte sich 1987 die französische Accor-Gruppe an dem inzwischen sanierungsbedürftigen Haus. Es wurde 1992 zunächst als Pullman-Hotel unter dem historischen Namen Metropole wiedereröffnet. Kurz darauf schlug es Accor seiner Kette Sofitel zu.

An Joan Baez erinnert heute übrigens nicht nur der Bunker des Hotels: An der Bar wird die bekannte Liedermacherin inzwischen mit einem eigenen Getränk geehrt: dem Joan Baez Cocktail. Der Barkeeper **Pham Tien Tiep** hat ihn entwickelt, das Besondere daran sind unter anderem die Gewürze – Koriander, Kardamom, Anis, Zimt und Chili. Die Erklärung des Hotels dazu ist überzeugend: »Bittersüß – wie ein Joan-Baez-Song.«

Der **Joan-Baez-Cocktail**

30 ml	Limonensaft
2 Zweige	Koriander
1	Espressotasse voll Sternanis
5 Stück	Kardamom
3 Stangen	Zimt
50 ml	Gin
30 ml	Cointreau
1	Chili, aufgeschnitten zur Dekoration

Limonensaft und Koriander kurz in einem Cocktailmixer voll Eis mischen. Sternanis, Kardamom und 2 der 3 Stangen Zimt in ein Metallsieb geben. Gin und Cointreau zusammen in einen

Metallbecher gießen und anzünden. Den brennenden Alkohol über die Zutaten im Sieb gießen (insgesamt drei Mal). Die letzte Zimtstange in ein Cocktailglas stellen. Den entzündeten Alkohol langsam in das Loch der Zimtstange gießen. Die Koriander-Limonensaft-Mischung inklusive Eiswürfel hinzugeben. Mit Chili garnieren.

Im Hotel wird zur Mischung ein sogenannter Magic Tree genutzt, bei dem der entzündete Alkohol nacheinander durch übereinander angeordnete Behälter mit den einzelnen Gewürzen fließt – dies soll an die Bombenabwürfe in jener Nacht erinnern, in der Joan Baez im Bunker gesungen hat.

ADRESSE	Hotel Sofitel Legend Metropole Hanoi, Vietnam, www.sofitel-legend.com/hanoi
ZIMMER	364
STERNE	5
BAUJAHR	1901
BERÜHMTE GÄSTE	Joan Baez (Musikerin), Charlie Chaplin (Filmemacher), Jane Fonda (Schauspielerin), Graham Greene (Schriftsteller)
DO IT YOURSELF	Das Hotel bietet für Gäste Touren durch den alten Kriegsbunker an.

4 Phoenicia Intercontinental Hotel, Beirut
Wo der Bürgerkrieg ausuferte

Nicht viele Hotels stehen für einen gewichtigen Teil der Geschichte eines ganzen Landes – noch dazu, wenn es um deren eher dunklen Jahre geht. Das Phoenicia Intercontinental in der libanesischen Hauptstadt Beirut ist solch ein seltenes Beispiel: Das Hotel war während des libanesischen Bürgerkrieges zwischen 1975 und 1977 Teil eines Subkonflikts, der »Schlacht der Hotels«, wie er schnell genannt wurde.

Es handelte sich um die erste breite Konfrontation zwischen den prowestlich orientierten Christen, der Libanesischen Nationalbewegung und Kämpfern der PLO. Die versuchten, das Viertel um das Phoenicia und die damals benachbarten Hotels unter ihre Kontrolle zu bringen. Häuserkämpfe, Scharfschützen – Beirut, jenes »Paris des Nahen Ostens«, war in den folgenden Jahren alles andere als ein Ziel für Touristen. Und das Phoenicia, bis dahin wegen seines modernen und luxuriösen Inneren oft als Grande Dame und White Lady der Stadt bezeichnet, fiel den Kämpfen zum Opfer. Es brannte aus und blieb fast 25 Jahre ein Mahnmal des Libanonkrieges – und das in bester Lage in unmittelbarer Nähe des Mittelmeers.

1990 endete der Krieg, doch es sollte noch einige weitere Jahre dauern, bis sich Investoren der Ruine annahmen. Erst Ende der 90er-Jahre machten sich zwei Führungskräfte der Hotelvereinigung Société des Grands Hotels du Liban daran, das Phoenicia wiederzubeleben. Mazen und **Marwan Salha** ließen den Komplex von Grund auf sanieren, bauten zudem einen dritten Turm für noch mehr Zimmer an. Im März 2000 feierten sie die Wiederauferstehung der »Weißen Dame«, die wie ein Phoenix aus der Asche kam und plötzlich wieder zum Stadtleben dazugehörte.

Damit wurde die Tradition fortgesetzt, die **Najib Salha** 1953 mit ersten Gedanken begann: Der Geschäftsmann wollte in dieser »goldenen Zeit« des Libanon ein angemessenes Hotel von Weltklasse erschaffen. Gemeinsam mit einer Reihe von Investoren ließ er den amerikanischen Architekten **Edward Durell Stone** das Phoenicia entwerfen. Es dauerte jedoch noch acht weitere Jahre, bis Salhas Traum endlich in Beton gegossen war: Im Dezember 1961 eröffnete er das Phoenicia Hotel. Mit seinem opulenten Inneren, den beiden Schwimmbecken, mehreren Restaurants und Geschäften wurde es schnell zum Treffpunkt der High Society. Könige, Staatschefs und Künstler aus aller Welt gingen hier ein und aus – bis zu jenem einschneidenden Bürgerkrieg im Jahr 1975.

Doch auch danach war das Phoenicia Hotel noch einmal Zeuge einer dramatischen Entwicklung für den Libanon: Am 14. Februar 2005 wurden der damalige Premierminister **Rafik al-Hariri** sowie 22 weitere Menschen bei einem Anschlag vor dem Hotel getötet. Attentäter hatten einen Sprengsatz mit 1.000 Kilogramm TNT-Äquivalent gezündet, der den Autokonvoi al-Hariris zum Ziel hatte. Wieder musste das Phoenicia für einige Zeit schließen, um die Schäden des Anschlags zu beheben – es eröffnete jedoch noch im selben Jahr erneut. Die Grande Dame lässt sich nicht unterkriegen.

Adresse	Phoenicia Intercontinental Hotel, Minet El Hosn, Beirut, Libanon, http://phoeniciabeirut.com
Zimmer	446
Sterne	5
Baujahr	1961

Brigitte Bardot (Model und Schauspielerin), Shakira (Sängerin)

Das Phoenicia ist erst 2011 erneut für 50 Millionen Dollar renoviert worden, doch rundherum sind noch Zeichen des Bürgerkrieges sichtbar – unter anderem gleich nebenan, wo eine Granate ein großes Loch in der Fassade hinterlassen hat.

5 Al-Rasheed Hotel, Bagdad
Wo der Irakkrieg publik wurde

Amerikanische Schauspieler kennt man zuhauf – aber amerikanische Journalisten? **Peter Arnett** schaffte 1991 das Ungewöhnliche und brachte sich als Reporter eines US-Nachrichtensenders in aller Welt ins Gespräch. Und dies ohne einen Hollywoodfilm gedreht zu haben.

Die Welt erlebte ein unruhiges Jahr in den arabischen Staaten. Der irakische Machthaber **Saddam Hussein** war gerade im benachbarten Kuwait einmarschiert und die USA ließen keinen Zweifel aufkommen, dies nicht ohne Konsequenzen mit ansehen zu wollen. Unter ihrem damaligen Präsidenten **George Bush senior** spitzte sich die Lage Stunde um Stunde zu. Arnett berichtete für seinen Sender CNN als einer der wenigen verbliebenen Journalisten live direkt aus der irakischen Hauptstadt Bagdad – aus dem Al-Rasheed Hotel, der damals wie heute wichtigsten Herberge für Diplomaten und Journalisten.

Es war auch Arnetts Team, das zu jener Zeit die grünlichen Bilder von nächtlichen Bombardements und Flugabwehrraketen um die Welt schickte, die vom beginnenden Krieg der Amerikaner und ihrer Verbündeten gegen Saddam zeugten. Der damalige Kriegsreporter des amerikanischen Nachrichtensenders CNN läutete eine neue Epoche der Kriegsberichterstattung ein: Liveberichte direkt aus dem Zielgebiet der Angriffe. Durch Arnett erfuhr die Welt in Echtzeit, wie die ersten Bomben auf Bagdad fielen. Nicht nur der Journalist, auch sein Sender CNN wurden dadurch weltberühmt. Denn in etlichen Ländern griffen Fernsehstationen auf die Bilder der Amerikaner zurück –

die weitaus meisten hatten ihre eigenen Korrespondenten längst aus dem Krisengebiet abgezogen.

Arnett erlangte mit seinen Berichten aus dem Al-Rasheed Hotel so etwas wie Kultstatus. Während die offizielle Armeedarstellung von einem »sauberen« Krieg zeugte, die Angriffe gegen Saddam nur wenig mehr als ein Kinderspiel zu sein schienen, berichtete der CNN-Kriegsreporter von den Einschlägen in unmittelbarer Nachbarschaft, von zerstörten Gebäuden, von mitunter dreisten Propaganda-Auftritten des irakischen Regimes. Und das alles aus seiner ganz eigenen Sicht. CNN wurde zum Inbegriff des Nachrichtenfernsehens, Peter Arnett zu einem Reporter, wie man ihn vielerorts nur aus Filmen kannte.

Und auch den Namen Al-Rasheed vergaßen viele so schnell nicht. Das 18-stöckige Bauwerk blieb auch nach dem 91er Golfkrieg zentrale Anlaufstelle für Besucher der irakischen Hauptstadt. Saddam hatte nach seiner Niederlage an der Schwelle des Hotels ein Mosaik mit dem Konterfei des damaligen US-Präsidenten George Bush senior anbringen lassen. Wer das Hotel betrat, musste diesem also unweigerlich aufs Gesicht treten. Im Inneren hingegen war der damalige irakische Diktator in etlichen Siegerposen verewigt. War da etwa was von einer Niederlage zu spüren?

Den 91er Golfkrieg überstand das Al-Rasheed nahezu unbeschädigt. Doch anschließend wurde es zweimal schwer getroffen: 1993 feuerte die US-Armee auf das Gebäude eine Rakete ab, die vor laufenden Fernsehkameras einschlug. 2003 griffen Aufständische das von Amerikanern genutzte Haus mit Raketen an. Beide Male gab es Tote und Verletzte, außerdem wurde das Gebäude beschädigt. Dennoch ist das Al-Rasheed bis heute zentraler Treffpunkt für ausländische Gäste Bagdads. Was auch in seiner Lage begründet ist: Das Hotel befindet sich in der Grünen Zone der irakischen Hauptstadt, dem besonders gesicherten Bezirk für diplomatische Einrichtungen wie die US- und die Britische Botschaft sowie das irakische Parlament.

Das Mosaik Bushs ist längst verschwunden – und auch der Rest des Hauses wurde mehrfach renoviert. 2011 steckten Investoren insgesamt knapp 65 Millionen Dollar in die Sanierung. Seitdem weht ein Hauch von westlicher Welt im Hotel: Die gesamte neue Einrichtung wurde aus Großbritannien importiert, inklusive der Tapeten.

ADRESSE	Al-Rasheed Hotel, International Zone, Bagdad, Irak
ZIMMER	450
STERNE	5
BAUJAHR	1978
BERÜHMTE GÄSTE	Peter Arnett (Journalist), Paul Wolfowitz (Politiker)
DO IT YOURSELF	Das Mosaik Bushs im Eingangsbereich ist längst verschwunden, doch an vielen Stellen sind die Spuren des Irakkrieges weiter sichtbar.

6 Mandarin Oriental, Bangkok
Wo ein Autor ums Überleben kämpfte

Es hätte möglicherweise nicht viel gefehlt, und das Oriental-Hotel in Bangkok wäre die letzte Station des britischen Schriftstellers **William Somerset Maugham** gewesen. Am 6. Januar 1923 checkte der Globetrotter, der sich bereits damals mit Büchern wie *Liza von Lambeth* und *Der Magier* einen Namen gemacht hatte, in diesem luxuriösen Hotel der thailändischen Hauptstadt ein. »Es ist unmöglich, die bevölkerungsreichen modernen Städte des Ostens ohne ein gewisses Unbehagen zu betrachten«, schrieb er später. Sie hätten keine Geschichte und keine Tradition, Maler hätten sie nicht gemalt, Dichter nicht beschrieben. »Aber wenn man sie verlässt, ist es mit einem Gefühl, dass man etwas verpasst hätte; und man kann nicht umhin zu denken, dass sie ein Geheimnis bergen, das sie von einem ferngehalten haben.«

Maugham hätte die Stadt beinahe nicht mehr verlassen, denn er erkrankte nach seiner Ankunft an Malaria – zuvor muss er bei einem Aufenthalt in Siam von Moskitos gestochen worden sein. 105 Grad Fahrenheit habe sein Fieberthermometer damals gezeigt, notierte Maugham, etwas mehr als 40 Grad Celsius. Eines Morgens hörte er eine Unterhaltung zwischen der Hotelmanagerin Maria Maire und seinem Arzt: »Ich kann ihn hier nicht zum Sterben behalten«, soll die Maire gesagt haben, »Sie müssen ihn ins Krankenhaus bringen.« Der Arzt willigte ein, wollte aber noch einige Tage warten. Und er tat gut daran: Maugham erholte sich kurz darauf doch wieder – und begann zu schreiben.

Das Image stand für das Hotel zu jener Zeit an oberster Stelle: Das Oriental-Hotel, 1876 von zwei dänischen Seeleuten eigentlich als Herberge für Matrosen am Fluss Chayo Phraya gegründet, galt längst als eines der bedeutendsten Luxushotels Asiens. Alles, was Rang und Namen hatte, stieg hier ab – auch mangels Alternativen. In der damals noch nicht auf Tourismus ausgelegten Region fehlte es an einer guten Infrastruktur.

Es war genau genommen bereits der zweite Anlauf des Hotels: Das nach einem Brand beschädigte Gebäude wurde 1887 durch den dänischen Geschäftsmann **Hans Niels Andersen** neu aufgebaut. Dieser Teil des Hotels existiert bis heute: der sogenannte Autorenflügel – so benannt, weil hier in frühen Jahren zahlreiche bekannte Schriftsteller übernachteten. Historiker haben inzwischen herausgefunden, dass es bereits vor 1876 an dieser Stelle eine Herberge gegeben haben muss. Allerdings einigte man sich auf das Eröffnungsdatum 1876, weil in diesem Jahr auch der neue Flussverlauf fertiggestellt wurde, an dem das Hotel heute liegt.

Während des Zweiten Weltkrieges wurde das Oriental zunächst von der japanischen Armee besetzt und dabei beschädigt, später von den alliierten Streitkräften in Beschlag genommen, um dort befreite Kriegsgefangene unterzubringen. 1947 übernahmen Investoren das Haus und sanierten es. An seine Glanzzeiten konnte das Hotel jedoch erst wieder anknüpfen, als der gebürtige Deutsche **Kurt Wachtveitl** 1967 das Management übernahm. Er leitete das Hotel insgesamt 41 Jahre und machte es erneut zu einem der Tophäuser Bangkoks. Unterstützung erhielt er dabei von neuen Eignern: 1974 übernahm das Hongkonger Mandarin-Hotel 49 Prozent des Oriental. 1985 vereinte man beide Hotellegenden in einer neuen Gesellschaft: der Mandarin Oriental Hotel Group. Sämtliche Häuser des Konzerns tragen inzwischen den verbindenden Namen der Häuser aus Bangkok und Hongkong.

Wachtveitl, der in Lausanne die Hotelschule absolviert hatte, wurde einmal gefragt, wie er das Oriental wieder zu einem der besten Häuser der Welt gemacht hatte: »Es ist sehr einfach«, antwortete der Manager damals, »wir sagen unseren Angestellten, was sie zu tun haben.« Bevor er fortfuhr, grinste Wachtveitl. »Und wir sagen es ihnen wieder, Woche um Woche.«

Schriftsteller Maugham kehrte trotz seines Beinahe-Rauswurfs noch zweimal zurück in das Oriental. 1925 kam er für zwei Wochen, und dies bei bester Gesundheit. Und auch seinen 85. Geburtstag feierte er 1960 in diesem Hotel. Damals erinnerte er sich öffentlich an seinen ersten Besuch: »Ich war schon fast vertrieben aus dem Oriental, weil die Managerin sich durch meinen Tod nicht das Geschäft ruinieren lassen wollte.« Das Hotel versuchte später, die Geschehnisse wiedergutzumachen: Eine Suite des Hauses trägt inzwischen den Namen des Autors.

ADRESSE	Mandarin Oriental, 48 Oriental Avenue, Bangkok, Thailand, www.mandarinoriental.com/bangkok
ZIMMER	393
STERNE	5
BAUJAHR	1876
BERÜHMTE GÄSTE	Nicolaus II. (Staatschef), John le Carré, William Somerset Maugham, Graham Greene (Schriftsteller), Helmut Kohl (Politiker)
DO IT YOURSELF	Neben der Maugham-Suite sind im alten Autorenflügel weitere Suiten untergebracht. Ein Aufenthalt dort lohnt sich jedoch vor allem wegen der Geschichte: Dieser Flügel ist der Originalteil des Hotels, wie er vermutlich 1876 eröffnet wurde.

7 L'Hotel, Paris
Wo Oscar Wilde starb

Bis zum Schluss hat **Oscar Wilde** Humor bewiesen: »Ich sterbe über meine Verhältnisse«, soll der Autor kurz vor seinem Tod im Pariser Hotel d'Alsace gesagt haben. Und auch seine letzten Worte fielen der Überlieferung nach hier: »Entweder diese Tapete verschwindet – oder ich.« Das Hotel d'Alsace in der Rue des Beaux-Arts gilt als letzte offizielle Anschrift des irischen Schriftstellers. Am 30. November 1900 starb er hier in Zimmer 16 an den Folgen einer Hirnhautentzündung.

Obwohl Wilde schon zu Lebzeiten ein bekannter Autor war, starb er völlig mittellos – der Besitzer des Hotels soll ihn nur aus persönlicher Hochachtung im besten Zimmer des Hauses untergebracht haben. Er verpflegte ihn mit erlesenen Speisen und Weinen. Eben über seine Verhältnisse.

Wilde war nicht der einzige berühmte Name, der schon zu jener Zeit mit diesem Hotel in Verbindung gebracht wurde: Auch die bekannte Spionin und Tänzerin **Mata Hari** soll hier genächtigt haben. Die französische Schauspielerin und Sängerin **Mistinguett** hatte gar eine Zeit lang ihren Wohnsitz in dem Haus. Und der Autor **Jorge Luis Borges** soll seit seiner Kindheit von Oscar Wilde so fasziniert gewesen sein, dass er den Entschluss fasste, ebenfalls hier im Hotel seine letzten Stunden zu verbringen. Was ihm allerdings nicht gelang – der Argentinier war zwar längere Zeit Gast des Hauses, starb jedoch 1986 in Genf. Das Hotel sei, so soll es Borges einmal gesagt haben, wie von einem Möbelschreiner geformt worden.

Inzwischen ist aus dem Hotel d'Alsace das L'Hotel geworden – ein anderes Hotel der französischen Hauptstadt trägt inzwischen den alten Namen, deswegen stand er für das historische Haus nicht mehr zur Verfügung. Der Designer **Jacques Garcia** hat das L'Hotel in seiner jetzigen, leicht plüschigen, Form gestaltet. Jeder Raum ist anders, keiner gleicht dem anderen. Das Designerhaus verfügt nur über 20 Zimmer, doch die sind individuell eingerichtet und orientieren sich an der langen Geschichte des Gebäudes und seiner Gäste. So gibt es heute einen im Stil des Art déco eingerichteten Raum, der nach Mistinguett benannt wurde – und der inzwischen Bett und Ankleidetisch der Künstlerin beinhaltet. Auch Oscar Wilde ist eine Suite gewidmet. An ihren Wänden hängen die eingerahmten Hotelrechnungen des Autors – nur eines fehlt heute, und das könnte fast so etwas wie späte Genugtuung bedeuten: die Tapete, die Wilde einst so scheußlich fand.

ADRESSE	L'Hotel, 13 Rue des Beaux-Arts, Paris, Frankreich, www.l-hotel.com
ZIMMER	20
STERNE	5
BAUJAHR	1816
BERÜHMTE GÄSTE	Oscar Wilde, Jorge Luis Borges (Schriftsteller), Marlon Brando (Schauspieler), Mistinguett (Sängerin)
DO IT YOURSELF	In der Oscar Wilde Suite hängen noch alte Hotelrechnungen des Schriftstellers an der Wand. Eine Gedenktafel an der Außenmauer des Hotels erinnert an ihn.

8 The Fairmont Banff Springs, Banff
Wo sich Marilyn Monroe den Knöchel verletzte

Manche Verletzung hat im Nachhinein auch ihre positiven Seiten. Als **Marilyn Monroe** 1953 im Fairmont Banff Springs den Film *Fluss ohne Wiederkehr* dreht, verletzt sie sich den Knöchel. Pagen eilen herbei, um der bekannten Schauspielerin den Rollstuhl zu schieben. Wie sonst könnten sie dem prägenden Schönheitssymbol der 50er-Jahre jemals so nahe kommen?

Der amerikanische Fotograf **John Vachon** hätte offenbar gut darauf verzichten können. Nur widerwillig soll er den Auftrag angenommen haben, Monroe mit ihrem verletzten Fuß abzulichten. Mit Stars hatte der Landschaftsfotograf eigentlich wenig am Hut. Ihm stand der Sinn üblicherweise nach Natur und schönen Bauwerken. Doch seine Bilderserie des 27-jährigen Hollywoodstars sollte eine der außergewöhnlichsten werden. Die Fotos zeigen eine völlig entspannte Monroe vor einem ausgestopften Bären, vor dem Ortsschild von Banff oder sympathisch winkend in einem Sessellift weit oben am Hang der Rocky Mountains. Vachons Bilder offenbaren ganz ungewohnte Seiten der Schauspielerin. Und auch ihr späterer Mann, der Baseballstar **Joe DiMaggio**, ist auf einigen Fotos erstmals zu sehen.

Das Fairmont Banff Springs, architektonisch einem Schweizer Schloss nachempfunden, hat schon früh die Stars Nordamerikas angezogen. **William Cornelius Van Horne**, damals Chef der kanadischen Eisenbahnlinie Canadian Pacific Railway, ließ das Haus von 1886 an bauen. Er wollte damit Gäste in die malerische Landschaft der Rocky Mountains locken. »Wenn wir die Landschaft schon nicht exportieren können«, sagte er zu jener Zeit, »müssen wir die Touristen halt importieren.« Es war der

Beginn des groß angelegten Tourismus in Kanada sowie der Eisenbahnhotels.

Innerhalb von zwei Jahren wurde das Gebäude verwirklicht – allerdings mit einem fatalen Fehler: Die Baupläne sollen aus Versehen um 180 Grad gedreht gewesen sein, weshalb am Ende ausgerechnet die Küche den besten Ausblick über den Bow River bot, während die hinteren Suiten Richtung Hang ausgelegt waren. Van Horne soll außer sich gewesen sein. Er ließ umgehend eine Rotunde hinzufügen, um die beste Aussicht wieder den Gästen zu bieten.

Im Jahr 1926 offenbarte sich ein weiterer schwerwiegender Fehler: Das Hotel brannte ab, weil es aus Holz erbaut war. Nichts an dem Gebäude war mehr zu retten. Es kam 1928 zum Neubau – wieder im Burgenstil, jedoch diesmal aus Stein. Anfang der 90er-Jahre wurde das Hotel zum nationalen Geschichtsdenkmal Kanadas ernannt. Mit dem Verkauf der kanadischen Eisenbahnhotels wurde es schließlich 1999 zum Hotel der Fairmont-Gruppe.

ADRESSE	The Fairmont Banff Springs, 405 Spray Avenue, Banff, Kanada, www.fairmont.com/banff-springs
ZIMMER	768
STERNE	5
BAUJAHR	1888
BERÜHMTE GÄSTE	Marilyn Monroe (Schauspielerin), König George VI. (Staatsoberhaupt), Winston Churchill (Politiker), Benny Goodman (Musiker)
DO IT YOURSELF	John Vachons Monroe-Bilder sind heute im Fotoband *Marilyn, August 1953* versammelt. Viele der Szenen lassen sich noch heute so an den Originalschauplätzen nachstellen.

9 Chateau Marmont, Hollywood
Wo Helmut Newton verunglückte

Man kann wohl nur spekulieren, was **Harry Cohn** 1939 mit seiner Empfehlung meinte. »Wenn du unbedingt Schwierigkeiten haben willst, gehe ins Chateau Marmont«, soll der Gründer der Columbia-Pictures-Filmstudios damals gesagt haben. Er bezog sich offenbar auf die hohe Anzahl an Prominenten, die das edle Schlosshotel in Hollywood schon damals aufsuchten. Oder ahnte er gar, was ein paar Jahrzehnte später geschehen sollte? Das Chateau Marmont geriet immer wieder in die Schlagzeilen – unter anderem wegen zweier Todesfälle.

Es war der 23. Januar 2004, als der bekannte Fotograf **Helmut Newton** in der Auffahrt des Hotels die Kontrolle über seinen Cadillac verlor und verunglückte. Jegliche Rettungsversuche blieben erfolglos – Newton starb wenig später im Krankenhaus in Los Angeles. Das Chateau Marmont hatte über Jahre als seine Residenz gedient, wenn er in Kalifornien weilte.

Auch für den Schauspieler und Komiker **John Belushi** endete ein Aufenthalt in diesem Hotel tödlich. Am 5. März 1982 wurde der »Blues Brother« in Bungalow Nummer 3 leblos aufgefunden. Belushi, jahrelanger Konsument unterschiedlicher Betäubungsmittel, hatte sich einen Drogencocktail angetan, dem sein Körper nicht standhalten konnte. Er wurde nur 33 Jahre alt.

Zahlreiche weitere Geschichten prominenter Gäste ranken sich um das berühmte Hotel. So soll Doors-Sänger **Jim Morrison** 1971 vom Dach eines zweigeschossigen Bungalows gefallen sein. Schauspieler **James Dean** wird nachgesagt, er sei in den 50er-Jahren durch ein Fenster des Gebäudes gesprungen. Und Sängerin **Britney Spears** soll sich 2007 gar einen Teller feinstes

Gourmetessen ins Gesicht geschmiert und dafür Hausverbot kassiert haben. Ob sie alle Cohns Worte im Kopf hatten?

Das Chateau Marmont ist so etwas wie eine Ikone Hollywoods – nicht nur wegen seiner illustren Gäste. Das Gebäude ist architektonisch dem Schloss des französischen Ortes Amboise im Loiretal nachempfunden. Der amerikanische Rechtsanwalt **Fred Horowitz** ließ es von 1927 an bauen. Er hatte sich bei einem Europa-Urlaub Anregungen für das Äußere geholt. 1929 eröffnete er das Schloss, zunächst noch als Appartementhaus. Mangels Auslastung musste er es jedoch wenige Jahre später schon wieder verkaufen. Der neue Inhaber baute das Gebäude zum Hotel um. Die Regisseurin **Sofia Coppola** nutze die märchenhafte Kulisse 2010 für ihren Film *Somewhere*.

ADRESSE	Chateau Marmont, 8221 Sunset Boulevard, Hollywood, USA, www.chateaumarmont.com
ZIMMER	63
STERNE	5
BAUJAHR	1929
BERÜHMTE GÄSTE	Jim Morrison (Musiker), Humphrey Bogart, Robert Mitchum, James Dean (Schauspieler)
DO IT YOURSELF	Am besten kommt man her, ohne Ärger zu haben. Viele Fans des verstorbenen John Belushi zieht es bis heute in den Bungalow Nummer 3, in dem der Schauspieler starb.

10 The Willard Intercontinental, Washington, D. C.
Wo Martin Luther King einen Traum hatte

Martin Luther King hatte einen Traum – einen Traum von einem besseren Amerika, einem, in dem Menschen nicht nach ihrer Hautfarbe, sondern nach ihrem Charakter beurteilt werden. »I have a dream«, ich habe einen Traum, sagte der bekannte Pastor und Bürgerrechtler am 28. August 1963 auf einer Kundgebung vor dem Lincoln Memorial in der US-Hauptstadt Washington D. C. Mehr als 250.000 Menschen beteiligten sich an diesem Tag am »Marsch auf Washington für Arbeit und Freiheit«, sie alle lauschten gebannt den Vorstellungen Kings von einem gerechteren Miteinander. Dieser Auftritt gilt im Nachhinein als einer der prägendsten für die Abschaffung der Rassentrennung in den USA.

Entstanden ist die bekannte Rede im Willard Intercontinental in Washington. King war im Sommer 1963 Gast des Hotels – wie viele andere Persönlichkeiten vor ihm. Der Bürgerrechtler muss sich der Bedeutung seines Auftrittes bewusst gewesen sein: Präsident John F. Kennedy war zu dieser Zeit bereits dabei, die Weichen für eine Gesetzesänderung zu stellen, die die Rassentrennung in den Vereinigten Staaten ein für alle Mal beenden sollte. Bereits in den Monaten zuvor hatte es in weiten Teilen des Landes Demonstrationen von Bürgerrechtlern gegeben. Der Marsch auf Washington sollte Kings Ansicht nach dennoch stattfinden – um ein eindrucksvolles Zeichen zu setzen, dass auch zahlreiche »Weiße« die Forderungen der Demonstranten unterstützten.

Martin Luther King erhielt für sein Engagement im darauffolgenden Jahr gleich zwei Ehrungen: In Oslo wurde ihm 1964 der Friedensnobelpreis verliehen. Das auflagenstarke *Time*-Magazin ernannte ihn zum »Mann des Jahres«. Kennedy erlebte die Abschaffung der Rassentrennung nicht mehr mit: Er wurde am 22. November 1963 in Dallas ermordet. Sein Nachfolger Lyndon B. Johnson brachte die Gesetze Kennedys schließlich auf den Weg. Auch Martin Luther King sollte seinen Einsatz für Gerechtigkeit nicht überleben: Am 4. April 1968 wurde er in Memphis im Lorraine Motel ermordet, wo später ein Museum für Menschenrechte errichtet wurde.

Selbst für das Willard begann Ende der 60er-Jahre eine trostlose Zeit: Seit die Eigentümerfamilie das Hotel 1946 verkauft hatte, ging es wirtschaftlich bergab. 1968 musste das Haus schließen. Es folgte eine lange Phase des Stillstands – erst 1986 öffnete das Willard wieder. Eine Washingtoner Entwicklungsgesellschaft hatte sich des Baus angenommen, der Hotelkonzern Intercontinental betrieb ihn fortan.

Die Geschichte des Willard reicht zurück bis ins 19. Jahrhundert: **Henry Willard** gründete das Hotel 1847, indem er sechs bestehende Häuser zusammenlegte und aufstockte. Schnell fanden vor allem Politiker Gefallen an der noblen Unterkunft: **Abraham Lincoln** verbrachte hier aus Angst vor einem Attentat die Wochen bis zu seiner Amtseinführung als US-Präsident 1861. Sein erstes Einkommen der Präsidentschaft verwendete er, um die Hotelrechnung in Höhe von 773,75 Dollar zu bezahlen. Sie ist inzwischen im Hotel ausgestellt.

Seit Lincoln übernachtete jeder einzelne US-Präsident in dem Haus. **Ulysses S. Grant**, der 18. Präsident der Vereinigten Staaten, soll in der Lobby des Willard den Begriff »Lobbyist« geprägt haben. Der Schriftsteller **Nathaniel Hawthorne** stellte schon früh fest: »Dieses Hotel kann mit Recht eher als das Zentrum Washingtons und der Union bezeichnet werden als das Kapitol, das Weiße Haus oder das Außenministerium.«

Auch andere berühmte Gäste blieben in Erinnerung: Der damalige australische Außenminister **Kevin Rudd** gab im Februar 2012 im Willard Intercontinental seine Rücktrittserklärung ab – ein ungewöhnlicher Schritt auf einer Auslandsreise, doch die Niederlage bei einer parteiinternen Abstimmung ließ ihm keine Wahl. Ironie der Geschichte: 2013 siegte Rudd in einer weiteren parteiinternen Abstimmung gegen die damalige Premierministerin Julia Gillard und gelangte dadurch an die Spitze der Regierung. **Steven Spielberg** drehte Szenen seines Films *Minority Report* im Willard. Der Lyriker **Walt Whitman** erwähnte das Hotel in seinen Werken. **Mark Twain** soll gleich zwei Bücher hier geschrieben haben. Manche Träume, die im Willard entstanden, wurden in der Tat wahr.

ADRESSE	The Willard Intercontinental, 1401 Pennsylvania Avenue NW, Washington D. C., USA, http://washington.intercontinental.com
ZIMMER	375
STERNE	5
BAUJAHR	1847 (ursprüngliche Gebäude 1816)
BERÜHMTE GÄSTE	Abraham Lincoln (Politiker), Martin Luther King (Bürgerrechtler), Charles Dickens (Autor)
DO IT YOURSELF	Die Lobby ist nicht nur eindrucksvoll – hier wurde einer Legende nach auch der Begriff »Lobbyist« geprägt. Probieren Sie es aus – es wird nicht lange dauern, bis sie den ersten prominenten Besucher sehen.

11 Hilton Washington, Washington, D. C.
Wo auf Ronald Reagan geschossen wurde

Ronald Reagan war relativ frisch im Amt. Erst am 20. Januar 1981 war er in der üblichen feierlichen Zeremonie in Washington als 40. Präsident der Vereinigten Staaten eingeführt worden. Und er war nicht unumstritten: Bei der Wahl im Herbst des Vorjahres hatte Reagan den vor allem im Ausland beliebten Jimmy Carter besiegt. Daheim kannte man ihn eher als mäßigen Schauspieler und zunehmend konservativen Gouverneur von Kalifornien. Nun stand Reagan – zu einer Zeit, als die Sowjetunion als großer Klassenfeind noch nicht lang in Afghanistan einmarschiert war – auf der Weltbühne.

Das neue Amt brachte vor allem zu Beginn zahlreiche Pflichttermine mit sich. So auch am 30. März 1981. Reagan befand sich am Nachmittag auf dem Rückweg von einer Gewerkschaftsveranstaltung. Vor dem Washingtoner Hilton-Hotel wollte er, umringt von Fotografen und Sicherheitspersonal, seine Limousine besteigen – als plötzlich Schüsse fielen. Mitarbeiter und Polizisten wurden zum Teil schwer verletzt, eine Kugel traf aber auch den US-Präsidenten. Reagan wurde eiligst in seinen Wagen gedrängt und ins Krankenhaus gebracht. Beinahe hätte man die kleine Wunde an seinem Körper gar nicht entdeckt. Nach zehn Tagen schon konnte der Präsident wieder entlassen werden.

Der 25-jährige Attentäter **John Hinckley Jr.** wurde umgehend festgenommen und schließlich zu Sicherheitsverwahrung verurteilt. Er gab an, auf den Präsidenten geschossen zu haben, um die Schauspielerin Jodie Foster zu beeindrucken. In die hatte sich der geistig Verwirrte unsterblich verliebt.

Das Hilton Washington gehört zu den wichtigsten Veranstaltungsorten der US-Hauptstadt. Wegen seines großen Ballsaals finden hier seit Jahrzehnten zahlreiche Großereignisse statt – in den 60er- und 70er-Jahren gehörten sogar Rockkonzerte dazu, etwa von den **Doors**. Die Journalistenvereinigung White House Correspondents' Association feiert ihren jährlichen Ball im Hilton.

Der charakteristische Hotelbau in Form einer sehr flachen Drei wurde 1965 eröffnet. Weil er einer von mehreren Betrieben der Hilton-Kette in der Hauptstadt ist, hat sich unter Einheimischen ein politisch nicht ganz korrekter Name eingeschlichen: Sie sprechen seit den Schüssen auf Reagan vom »Hinckley Hilton«, angelehnt an den Nachnamen des Attentäters.

Ronald Reagan starb 2004 an einer Lungenentzündung – er wurde 93 Jahre alt.

ADRESSE	Hilton Washington, 1919 Connecticut Avenue NW, Washington D. C., USA, www.thewashingtonhilton.com
ZIMMER	1070
STERNE	4
BAUJAHR	1965
BERÜHMTE GÄSTE	Jimi Hendrix, The Doors (Musiker), Ronald Reagan (Politiker)
DO IT YOURSELF	Reagan wurde vor dem Nordwest-Eingang des Hotels angeschossen. Der typische Vorbau im Stil der 60er-Jahre ist noch heute erhalten.

VI. PROMINENTE UND PROMINENTES

1

Hotel Adlon Kempinski, Berlin
Wo Charlie Chaplin beinahe seine Hose verlor

Wo Stars auftauchen, sind Fans gemeinhin nicht fern – eine Erfahrung, die schon **Charlie Chaplin** machte: Als er am 9. März 1931 zur Premiere seines Films *Lichter der Großstadt* nach Berlin reiste, fehlten seine Anhänger jedenfalls nicht. Was unter anderem seinen Weg ins Hotel Adlon am Brandenburger Tor etwas erschwert hat: Chaplin soll damals von einer Menschenmenge derart bedrängt worden sein, dass ihm sogar die Knöpfe an den Hosenträgern abgerissen wurden.

»Mit beiden Händen die Hose festhaltend, floh er in den Fahrstuhl«, erinnerte sich **Hedda Adlon**, die Frau des damaligen Hotelchefs, später in ihren Memoiren an diesen Vorfall. Chaplin selbst erwähnte ihn auch, schrieb aber lediglich von »wildem Enthusiasmus der Menschenmengen« auf dem Weg zum Adlon. Zu unangenehm muss dem großen Star aus Amerika dieser Zwischenfall gewesen sein.

Der Popularität des Hotel Adlon tat dies keinen Abbruch: Chaplin war nur einer von vielen Stars, die in dem altehrwürdigen Bau am Pariser Platz übernachteten. Es schien, als gehörte ein Aufenthalt in dieser Luxusherberge für eine bestimmte Klientel einfach dazu. Prominente aus Deutschland und aller Welt wählten oftmals das Adlon, wenn sie nach Berlin kamen. Selbst **Kaiser Wilhelm II.** soll das komfortable und wohltemperierte Hotel seinem nicht weit entfernten, aber mitunter zugigen Stadtschloss vorgezogen haben. Aus heutiger Sicht ist das Adlon touristisch und historisch mindestens ebenso bedeutend für Berlin wie viele andere Sehenswürdigkeiten der Stadt.

Seinen Namen trägt das Hotel durch seinen Gründer: **Lorenz Adlon**, erfolgreicher Berliner Gastronom, ließ es zwischen 1905 und 1907 erbauen. Er wollte ein Hotel nach amerikanischem Vorbild schaffen, die luxuriöseste Herberge Deutschlands, mit elektrischem Licht und fließend warmem Wasser – Annehmlichkeiten, die in jener Zeit alles andere als selbstverständlich waren.

Und das Konzept ging auf. In den ersten Jahrzehnten seines Bestehens zog das Adlon bereits die Reichen und Mächtigen der Welt an. Als Zeichen der eigenen Ansprüche gründete das Hotel 1928 gemeinsam mit anderen Luxusherbergen den Verbund der »Leading Hotels of the World« – der kontinuierlich weiterwuchs und noch heute existiert.

Auch den Zweiten Weltkrieg überstand das Adlon noch nahezu unversehrt, zuletzt als Lazarett. Doch dann zerstörte kurz darauf, am 3. Mai 1945 ein Feuer den Prachtbau bis auf einen Seitenflügel. Die Umstände wurden nie vollständig geklärt. Zu DDR-Zeiten diente der verbliebene Trakt zunächst noch als Hotel, der Rest wurde 1952 abgetragen. 1984 folgte auch das Aus für den Seitenflügel. Die Ära des Hotel Adlon war vorüber.

Erst nach dem Fall der Mauer wurde im August 1997 ein neues Hotel Adlon an alter Stelle eröffnet. Optisch ist es an den historischen Vorgängerbau angelehnt. Doch das neue Adlon wurde größer angelegt als das Original, da nun auch das Dachgeschoss für Überachtungsgäste diente. Außerdem nutzte der Bauherr zusätzlich ein benachbartes Grundstück.

Und auch die Stars kamen zurück – mit neuem Aufsehen: **Michael Jackson** hielt im November 2002 vor den Kameras von Fans und Medien seinen kleinen Sohn aus dem Fenster des Adlon in die Menschenmenge. Und wurde dafür lange und heftig kritisiert.

ADRESSE	Hotel Adlon Kempinski, Unter den Linden 77, Berlin, Deutschland, www.kempinski.com/de/berlin/hotel-adlon
ZIMMER	382
STERNE	5
BAUJAHR	1997
BERÜHMTE GÄSTE	Michael Jackson (Musiker), Thomas Mann (Schriftsteller), Greta Garbo (Schauspielerin), Albert Einstein (Physiker)
DO IT YOURSELF	Das Restaurant Lorenz Adlon ist nicht nur architektonisch an die Anfangsjahre des Hotels angelehnt – auch zahlreiche Rezepte stammen aus dieser Zeit.

2 Hotel Nacional de Cuba, Havanna
Wo Amerikas Unterwelt ein und aus ging

Konferenzen in Hotels sind an sich nicht ungewöhnlich – diese hingegen hätte unter rechtsstaatlichen Gesichtspunkten wohl nie stattfinden dürfen: Im Dezember 1946 trafen sich die Mafiabosse Amerikas im kubanischen Havanna, unter anderem um ihre Tätigkeitsgebiete abzustecken. Eine Woche kamen sie im fürstlichen Hotel Nacional zusammen, einem Ort, an dem sie zur damaligen Zeit halbwegs außerhalb der Beobachtung der amerikanischen Behörden standen.

Das Treffen hatte Gewicht: Die Entscheidungen, die dort getroffen wurden, wirkten sich offenbar für viele Jahre aus auf die organisierte Kriminalität der USA. Im Nachhinein sprachen Historiker vom bedeutendsten Gangster-Meeting seit der Atlantic-City-Konferenz 1929, der ersten nachweisbaren Zusammenkunft der amerikanischen Verbrecherfamilien. **Charles »Lucky« Luciano**, ein von den USA nach Italien ausgewiesener Mafiaboss, und **Meyer Lansky**, Betreiber zahlreicher großer Spielkasinos, waren die Organisatoren der Havanna-Konferenz. Sie wurden im Nachgang stets als Gründer des Verbrechersyndikats der USA bezeichnet. Francis Ford Coppola baute ihr Treffen auf Kuba später in seine Filmtrilogie *Der Pate* ein.

Ganz ungewöhnlich schien der Ort der Konferenz nicht: Havanna war zu jener Zeit Treffpunkt der High Society Amerikas. Fidel Castro, Che Guevara – sie waren damals noch machtlose Untergrundkämpfer, stattdessen erfreute man sich an der Traumkulisse eines prächtigen Landes. Künstler und Musiker, Wissenschaftler und Entertainer, sie alle gingen in dem im spanischen Stil gehaltenen Prachtbau des Nacional ein und aus.

Und so ganz unschuldig an dem Tagungsort ist wohl auch **Fulgencio Batista** nicht gewesen, der später von Castro gestürzte kubanische Diktator. Dieser lebte Mitte der 40er-Jahre kurzzeitig in den USA und baute dort offenbar engen Kontakt zu Mafiosi auf. Diese Annäherung hatte Auswirkungen: Gemeinsam mit Meyer Lansky entwickelte Batista das Hotel Nacional in den 50er-Jahren zu einem der erfolgreichsten Kasinos Amerikas.

Die Zeit des Spielens und Gaunerns hatte ein jähes Ende: Nachdem Fidel Castro sich 1959 an die Macht geputscht hatte, ließ er das Kasino schließen. Glücksspiel war fortan auf Kuba verboten. Das Hotel wurde verstaatlicht, die früheren US-Betreiber flohen ins Ausland. Während der Kubakrise 1962 installierte die Armee Flugabwehrraketen auf dem Hotelgelände.

Mit dem Hotel Nacional ging es bergab – niemand wollte zunächst auf der Karibikinsel Urlaub machen. Die Regierung nutzte das Haus zur Unterbringung ausländischer Diplomaten. Es verschwand aus den Erinnerungen vieler. Erst 1990 mit dem Fall des Kommunismus in anderen Ländern der Erde wurde wieder in das Hotel investiert. 1992 eröffnete es grundsaniert und sollte fortan für eine neue Ära des Tourismus auf Kuba stehen – und dadurch Devisen einbringen.

Heute zählen Teile des Hotelgeländes gemeinsam mit der Altstadt Havannas zum Weltkulturerbe der Unesco. Denn nicht nur das 1930 erbaute Gebäude kann auf eine lange Geschichte zurückblicken – auch das Grundstück, auf dem es steht, kann es. Früher sollen hier Piraten an Land gekommen sein. Während der spanischen Besatzung Kubas stand an dieser Stelle die Santa Clara Battery, eine Geschützanlage, die drohende Angriffe abwehren sollte. Das Nacional selbst wurde 1988 zum Nationaldenkmal Kubas erklärt.

Rückblickend bleibt ein schöner Trost: Nicht nur das bedeutendste Verbrechersyndikat der USA wurde hier geboren, sondern auch eine Organisation, die bis heute friedlichen Zwecken nachgeht. Denn 1945 hoben im Nacional 57 Fluggesellschaften die International Air Transport Association aus der Taufe. Sie vertritt heute weltweit die Interessen der Fluggesellschaften und ist inzwischen in Montreal beheimatet.

ADRESSE	Hotel Nacional de Cuba, Calle 21 y O, Vedado, Plaza, Havanna, Kuba, www.hotelnacionaldecuba.com
ZIMMER	427
STERNE	5
BAUJAHR	1930
BERÜHMTE GÄSTE	Winston Churchill (Politiker), Frank Sinatra (Entertainer), Ava Gardner (Schauspielerin), Alexander Fleming (Bakteriologe und Medizin-Nobelpreisträger), Juri Gagarin (Astronaut), Backstreet Boys (Boyband)
DO IT YOURSELF	Einen Cuba Libre im Garten des Hotels bestellen, entspannen – und einmal wie Meyer Lansky & Co fühlen.

3 Hotel Atlantic Kempinski, Hamburg
Wo Udo Lindenberg wohnt

Dass sich Stars in einem edlen Hotel aufhalten, ist gemeinhin nicht sonderlich verwunderlich. Dass aber einer seine Wohnung gegen ein Hotelzimmer tauscht und dort dauerhaft wohnt, kommt schon deutlich seltener vor. Und wenn sich hinter diesem Star auch noch ein Rockmusiker verbirgt, den man eigentlich eher an den Theken St. Paulis vermuten würde, schüttelt mancher behäbig den Kopf: **Udo Lindenberg**, Hamburgs Musiklegende, bekannt geworden unter anderem durch eine sehr offene Denkweise, einen zeitweise extremen Lebensstil und natürlich durch seinen *Sonderzug nach Pankow,* lebt schon seit 1995 im Hamburger Luxushotel Atlantic Kempinski.

Deutschlands bekanntester Rocker in solch edler Umgebung? Keine Panik im Atlantic – Lindenberg ist über diesen langen Zeitraum fast so etwas wie Inventar des Hauses geworden. Er verbringt seine Tage im Hotel, zieht von hier aus dann und wann durch Hamburg, ist immer mal an der Hotelbar zu sehen, und es ist auch das Atlantic, wo Lindenberg seiner zweiten Berufung nachgeht, dem Malen. Denn auch in diesem Metier ist er inzwischen ein viel beachteter Künstler.

Eine kleine Hommage an seine vier Luxuswände bildet Lindenbergs MTV-Unplugged-Album aus dem Jahr 2011: Das versah der Stammgast mit dem Untertitel *Live aus dem Hotel Atlantic,* obwohl es eigentlich vor rund 300 Gästen in der Hamburger Kampnagelfabrik aufgenommen wurde.

Eine weitere Ehre wurde dem Hotel Atlantic 1997 zuteil, als es zumindest von außen als Drehort für den James-Bond-Film *Der Morgen stirbt nie* diente. 007 alias **Pierce Brosnan** steigt in dem Streifen in dem Hamburger Hotel ab – allerdings wurden die Innenaufnahmen nicht dort gedreht, sondern im Stoke Park Country Club in England. Die **Rolling Stones** machten das Atlantic während ihrer Tournee 1998 zum Hauptquartier. 2004 trafen sich der russische Staatschef **Wladimir Putin** und Bundeskanzler **Gerhard Schröder** zum Deutsch-russischen Gipfel in dem Hotel.

Die Reichen, Schönen und Mächtigen waren seit jeher Zielgruppe des Atlantic: Es wurde 1909 gegründet, um den gut betuchten Passagieren der Hamburg-Amerika-Schiffsroute eine angemessene Unterkunft zu bieten. Die Lage direkt an der Außenalster sowie in der Nähe des noch jungen Hauptbahnhofs machten es schnell bekannt. Bereits am Freitag nach der Eröffnung war das Hotel zum ersten Mal ausverkauft: Ein Dampfer der Hamburg-Süd-Linie und der Hamburg-Amerika-Linie bescherte dem Haus 240 Fahrgäste der ersten Klasse. Die Rechnung ging auf.

Auch während des Zweiten Weltkrieges wurde das Atlantic weiter betrieben – die Speisekarten erhielten jedoch 1942 einen Zusatz: »Die Möglichkeit eines Fliegeralarms zwingt uns, unsere verehrten Gäste um sofortige Bezahlung zu bitten.« Nach dem Krieg blieb das Hotel fünf Jahre unter britischer Verwaltung, bevor es 1950 den regulären Betrieb wiederaufnahm. Das »weiße Schloss an der Alster« entwickelte sich mit den Jahren zunehmend zu einem Wahrzeichen Hamburgs.

Doch der Zahn der Zeit nagte an dem edlen Betrieb: 2008 ließ sich das in die Jahre gekommene Hotel nicht wieder für seine fünf Sterne zertifizieren – zunächst musste es grundlegend saniert werden. 2010 begann die umfangreichste Renovierungsaktion in der Geschichte des Hauses: Für 25 Millionen Euro wurden sämtliche Zimmer modernisiert. Bereits Ende 2011 hatte das Atlantic wieder seine fünf Sterne.

Und Udo Lindenberg? Dem ist immer mal wieder nachgesagt worden, er habe dem Atlantic den Rücken gekehrt, sei in ein benachbartes Hotel gezogen oder gar komplett nach Berlin. Doch an der Alster gibt man sich betont gelassen: Die Panikzentrale von Deutschlands bekanntestem Rocker, sie sei auch weiterhin hier im Hotel Atlantic.

ADRESSE	Hotel Atlantic Kempinski, An der Alster 72–79, Hamburg, Deutschland, www.kempinski.com/en/hamburg/hotel-atlantic
ZIMMER	244
STERNE	5
BAUJAHR	1909
BERÜHMTE GÄSTE	Udo Lindenberg, Rolling Stones, Michael Jackson (Musiker)
DO IT YOURSELF	Ein Prosit auf Udo Lindenberg – am besten standesgemäß mit einem Eierlikör, der als Lieblingsgetränk des Künstlers gilt.

4 Fairmont Hotel Vier Jahreszeiten, Hamburg
Wo der Hauptmann von Köpenick residierte

Für den deutschen Film ist das Jahr 1956 ein ganz besonderes gewesen: Die Verfilmung von **Carl Zuckmayer**s Theaterstück *Der Hauptmann von Köpenick* mit **Heinz Rühmann** in der Hauptrolle wurde zur erfolgreichsten Produktion im Nachkriegsdeutschland. Nicht nur daheim hagelte es Auszeichnungen, auch im Ausland. Die Erlebnisse des Hochstaplers Wilhelm Voigt alias Heinz Rühmann schafften es sogar zu einer Oscar-Nominierung als bester ausländischer Film. Auch die Filmfestspiele in Venedig zeigten den *Hauptmann von Köpenick* und machten ihn weltweit bekannt.

Der Film lief in insgesamt 53 Ländern, was für die damalige Zeit beachtlich war. Schließlich waren die Geschehnisse des Zweiten Weltkrieges längst nicht bewältigt, zudem schien die Besetzung mit Rühmann nicht unproblematisch: Dem Schauspieler haftete sein Erfolg während der Nazizeit an.

Mit Köpenick hatte der Film, der Rühmann endgültig rehabilitierte, genau genommen wenig zu tun: Weil zum damaligen Zeitpunkt wegen der politischen Lage nicht an den Originalschauplätzen in Ostberlin gedreht werden durfte, entstand *Der Hauptmann von Köpenick* in Hamburg. Und obwohl es im Film nicht auftaucht, spielte das Hotel Vier Jahreszeiten dabei eine besondere Rolle: Rühmann wohnte während der gesamten Produktion hier an der Binnenalster in Zimmer 447. Hier probte er, hier aß er, und hier soll es auch so manche Diskussion zwischen ihm, Autor Zuckmayer und Regisseur Helmut Käutner gegeben haben.

Beim Personal war Rühmann als verschlossen bekannt, wie es in Erzählungen aus jener Zeit heißt. Er soll abweisend gewesen sein, mitunter ein wenig schlecht gelaunt – womöglich Begleiterscheinungen seines Karriereknicks nach dem Krieg. Im Hotel Vier Jahreszeiten aber genoss man schließlich die Popularität, die der bekannte Künstler dem Haus bescherte. Er sollte nicht der einzige berühmte Schauspieler an der Binnenalster bleiben: Auch **Theo Lingen** zählte viele Jahre zu den Stammgästen. Im Dezember 1967 schenkte ihm das Hotel sogar eine Jubiläumstorte – es war Lingens 500. Übernachtung im Vier Jahreszeiten.

An den bekannten griechischen Reeder **Aristoteles Onassis** erinnert man sich im Vier Jahreszeiten wegen einer ungewöhnlichen Angewohnheit: Der Unternehmer soll immer nachts zu Spaziergängen aufgebrochen sein. Einmal überraschte er dabei den Nachtportier mit einem belegten Brot. Onassis soll probiert haben, begeistert gewesen sein und fortan jede Nacht eine solche Scheibe Brot verlangt haben für seine Spaziergänge. Der Reeder ließ zu jener Zeit zahlreiche seiner Schiffe in Hamburg fertigen und half so den Werften, nach dem Krieg wieder ins Geschäft zu kommen. Auch Onassis' spätere Lebensgefährtin **Maria Callas** zählte zu den Gästen des Vier Jahreszeiten.

Die Geschichte des neben dem Atlantic zweiten großen Hamburger Grandhotels begann 1897. Damals erwarb der schwäbische Hotelier **Friedrich Haerlin** das Haus in einer Zwangsversteigerung. Es verfügte gerade einmal über elf Zimmer und drei Bäder. Haerlin investierte in den Folgejahren massiv, ließ eine Zentralheizung einbauen, vergrößerte das Hotel durch den Ankauf nebenstehender Gebäude. 1928 schließlich erhielt es durch eine Aufstockung auf fünf Etagen sein heutiges Erscheinungsbild.

Haerlins Sohn Fritz übernahm das Haus, verlor es jedoch nach dem Krieg wegen seiner Mitgliedschaft in der NSDAP. Die

britische Armee quartierte sich im Vier Jahreszeiten ein und ernannte das Hotel zu ihrem Hauptquartier.

Fritz Haerlin hingegen machte sich zunächst mit dem Restaurant Halali in der Nähe des Vier Jahreszeiten selbstständig,
das sich schnell zu einem Gourmettreff Hamburgs entwickelte.
Im Jahr 1952 erhielt er sein Hotel zurück. Bis 1987 blieb es im
Familienbesitz, erst dann wurde es an ausländische Investoren
verkauft – zunächst an den japanischen Bauunternehmer **Hi-
royoshi Aoki**, 1997 an die Raffles-Hotelgruppe. Durch deren
Fusion mit einem kanadischen Hotelbetreiber wurde das Vier
Jahreszeiten 2007 zu einem Teil der Fairmont-Gruppe.

ADRESSE	Fairmont Hotel Vier Jahreszeiten, Neuer Jungfern-stieg 9–14, Hamburg, Deutschland, www.fairmont.de/vier-jahreszeiten-hamburg
ZIMMER	156
STERNE	5
BAUJAHR	1928 (zuvor waren einzelne ältere Gebäude mehr-fach erweitert worden)
BERÜHMTE GÄSTE	Heinz Rühmann, Theo Lingen (Schauspieler), Aristo-teles Onassis (Reeder), Prinz Heinrich von Preußen
DO IT YOURSELF	Zimmer 447 buchen – und Zuckmayers *Haupt-mann von Köpenick* als Lektüre mitnehmen.

5 Hotel Chelsea, New York
Wo sich Künstler zu Hause fühlten

Das Zentrum der US-Künstlerszene muss einst hier gelegen haben: Die Großen des Punkrocks, der Pop-Art, der zeitgenössischen Literatur, internationale Künstler von Rang und Namen, sie alle wohnten zumindest zeitweise im Hotel Chelsea in New York. Und einige starben sogar in dem zwölfgeschossigen Backsteingebäude nördlich von Greenwich Village. **Dylan Thomas**, der große walisische Dichter, erlag hier 1953, geschwächt von seiner Alkoholsucht, einer Lungenentzündung. Der frühere Bassist der **Sex Pistols, Sid Vicious**, stand gar im Verdacht, 1978 in einem Zimmer seine Freundin Nancy Spungen ermordet zu haben. Zu einer Verurteilung kam es jedoch nie: Vicious setzte sich wenige Monate später eine Überdosis Heroin und starb – im selben Zimmer.

Ausschweifende Partys, wilde Kreativität, Drogen-, Sex- und Alkoholexzesse – das war es, wofür das Hotel Chelsea in der Kunstszene stand. Der kanadische Musiker **Leonard Cohen** setzte dem Hotel mit seinem Song *Chelsea Hotel No. 2* gar ein Denkmal: »*I remember you well in the Chelsea Hotel*«, sang er 1974 über seine Beziehung mit **Janis Joplin**. Andere hinterließen einfach ihre Bilder, die anschließend die Lobby zierten – mitunter auch, weil sie die Rechnung für ihre teilweise monatelangen Aufenthalte am Ende nicht zahlen konnten.

Der US-Künstler **Andy Warhol** drehte 1966 hier seinen Experimentalfilm *The Chelsea Girls*. Dieser zeigt in zwölf fiktiven Geschichten das Leben von Bewohnern des Hotels – durch Aufteilung des Bildes in jeweils parallel verlaufende Handlungen. Durch alle Episoden ziehen sich vor allem Drogen und Gewaltausbrüche. Ein Grund, weshalb dem international beachteten Film schnell ein fragwürdiger Ruf anhaftete. Etwas, das er mit dem Hotel Chelsea gemein hatte.

An Selbstbewusstsein hat es dem Hotel Chelsea nie gemangelt. Das zeigte sich bis zuletzt an den recht üppigen Zimmerpreisen von umgerechnet 150 Euro und mehr – und dies bei mitunter mäßig komfortablen Räumen ohne Badezimmer. Es war keine Wellness-Abteilung und auch kein Sternemenü, das die Gäste hierher getrieben hätte in das einst verruchte, inzwischen jedoch längst angesagte Viertel New Yorks. Es war ganz einfach die Vergangenheit.

Das Gebäude des Hotel Chelsea wurde 1883 ursprünglich als größtes Apartmenthaus und höchstes Gebäude New Yorks gebaut. Erst 1905 wandelten es die Eigentümer in ein Hotel um – zunächst noch ein ganz gewöhnliches. Eines, das zunehmend verkam zur Unterkunft für Seeleute und verlorene Seelen. Die ungarischen Geschäftspartner **David Bard**, **Joseph Gross** und **Julius Krauss** ebneten in den 40er-Jahren den Weg zur Künstlerherberge, wie sie heute in Erinnerung ist. Ein Luxushotel wurde es jedoch auch unter ihrer Ägide zunächst nicht. **Arthur Miller**, der große amerikanische Schriftsteller, stieg Ende der 50er-Jahre nach seiner Trennung von Marilyn Monroe im Hotel Chelsea ab. Er attestierte dem Haus eine »Atmosphäre des unkontrollierbaren Verfalls«. Jedes andere Hotel hätte nach solch einer Einschätzung dem sicheren Bankrott entgegengesehen. Miller aber blieb selbst gleich einige Jahre in seiner Suite.

David Bards Sohn **Stanley Bard** festigte den Ruf des verruchten Künstlertempels. Er prägte den Betrieb des Hotel Chelsea und wurde später dessen Manager. Über Jahrzehnte war die »Anlaufstelle der Ausgeflippten« eng mit seiner Führung verbunden. Er half seinen Gästen, und er half vor allem aus, wenn diese mal knapp bei Kasse waren. Die Künstlerszene honorierte sein Engagement und seine Gastfreundschaft. Und dies wäre vermutlich noch über Jahre so weitergegangen – wenn der Manager nicht 2007 vor die Tür gesetzt worden wäre. Eine neue Geschäftsführung wollte dem in die Jahre gekommenen Bau einen eigenen Stempel aufdrücken, ihn fit für die Zukunft machen. Nichts werde sich ändern, versicherten sie noch im Nachgang.

2011 schloss das Hotel Chelsea für Renovierungsarbeiten. Viel ist seitdem nicht zu erfahren – außer, dass die Räume nach wie vor für Filmproduktionen gemietet werden können. Der Hotelbetrieb soll irgendwann ebenfalls wiederaufgenommen werden. Wann, das ist nach wie vor offen.

ADRESSE	Hotel Chelsea, 222 W 23rd Street, New York, USA, www.hotelchelsea.com
ZIMMER	250
STERNE	– (derzeit geschlossen)
BAUJAHR	1884
BERÜHMTE GÄSTE	Andy Warhol (Künstler), Arthur Miller (Schriftsteller), Leonard Cohen, Bob Dylan, Tom Waits (Musiker)
DO IT YOURSELF	Viel lässt sich derzeit nicht entdecken im Hotel Chelsea – doch allein von außen ist der unter Denkmalschutz stehende Backsteinbau einen Besuch wert.

6 Sofitel Legend The Grand, Amsterdam
Wo sich Michael Jackson spendabel zeigte

Er galt gemeinhin nicht gerade als geizig, und ein überaus freundlicher Zeitgenosse soll er noch dazu gewesen sein – in Amsterdam aber übertraf sich **Michael Jackson** 1995 selbst: Es war ein kühler Tag, als der Musiker im Sofitel Legend The Grand eingecheckt hatte. Vor dem wohl historisch bedeutsamsten Hotel der niederländischen Stadt versammelten sich die Fans, um einen Blick auf ihr Idol zu erhaschen. Sie trotzten der Kälte und warteten tapfer darauf, dass sich Jackson ihnen wenigstens einmal kurz zeigte. Und der war offenbar so sehr von dem Auflauf auf der Straße beeindruckt, dass er kurzerhand den Service rief. Seine Bestellung: heiße Schokolade für alle wartenden Fans.

Dieser Wunsch überraschte offenbar auch das Hotel selbst. In Erinnerung an den Musiker benannte das Sofitel seinen Kakao um in »MJ Chocolate«, eine heiße Schokolade mit den Initialen Michael Jacksons. Serviert wird sie bis heute – und dies stets von einem Hotelmitarbeiter, der genau einen solchen glitzernden Handschuh trägt, wie ihn auch der 2009 verstorbene Künstler oftmals trug.

Dabei hätte das Sofitel Legend The Grand es gar nicht mal nötig, sich mit der jüngeren Geschichte zu rühmen – das Haus kann auf eine mehr als 500-jährige Historie zurückblicken, wenn auch nicht als Hotel. Ursprünglich als Kloster St. Cecilia und Katharina gegründet wurde es Ende des 15. Jahrhunderts zu einer noblen Unterkunft für Staatsoberhäupter und hohe Beamte. **Wilhelm von Oranien** soll hier zwischen 1580 und 1581 des Öfteren genächtigt haben, auch **Maria Stuart** zählte 1642 zu den Gästen.

Nach einem Brand im Amsterdamer Rathaus diente der Komplex von 1652 an vorübergehend als Ausweichquartier für die Stadtverwaltung. Daran erinnerte man sich offenbar im 19. Jahrhundert: Im Jahr 1808 wurde das frühere Kloster erneut zum Rathaus, weil Napoleon das bisherige Quartier der Stadtoberen als königlichen Palast beanspruchte.

Der Umzug sollte die Französische Revolution und den Wiedereinzug des Hauses von Oranien überdauern. Bis 1988 blieb das heutige Sofitel das Rathaus von Amsterdam. Dies führte zu geschichtsträchtigen Augenblicken: Am 10. März 1966 etwa stand das Rathaus wegen einer Hochzeit im Zentrum des Interesses – die niederländische Thronfolgerin und spätere **Königin Beatrix** heiratete an diesem Tag **Claus von Amsberg**. Wie es in dem Land üblich ist, erfolgt eine solche Hochzeit standesamtlich im Rathaus. Diese allerdings fand wegen des großen Interesses nicht in einem Verwaltungszimmer statt, sondern im Ratssaal. Dieser ist bis heute originalgetreu erhalten geblieben.

Mit dem Neubau der Stadtverwaltung am Waterloo-Platz verlor das alte Gebäude seinen Nutzen. Es wurde sorgfältig restauriert – wobei unter anderem ein Wandgemälde von **Karel Appel** zum Vorschein kam, das die Stadtverwaltung in frühen Jahren hatte abhängen lassen, weil es die Mitarbeiter gestört hatte. Heute ist es ein eindrucksvoller Dekobestandteil des Sofitel-Restaurants.

Erst 1992 zog das The Grand in die Räumlichkeiten ein, sechs Jahre später wurde es um den benachbarten Prinsenhof erweitert. Seitdem gilt es als eine der ersten Anlaufstellen von Gästen aus Kunst, Kultur und Politik in Amsterdam. So spendabel wie Michael Jackson hat sich seitdem allerdings niemand mehr gezeigt.

ADRESSE	Sofitel Legend The Grand, Oudezijds Voorburgwal 197, Amsterdam, Niederlande, www.sofitel-legend-thegrand.com/amsterdam
ZIMMER	177
STERNE	5
BAUJAHR	1578 (Hotelumbau 1992)
BERÜHMTE GÄSTE	Michael Jackson (Musiker), Königin Beatrix (Staatsoberhaupt), Winston Churchill (Politiker)
DO IT YOURSELF	Eine MJ-Schokolade sollte bei einem Besuch dazugehören. Auch heiraten kann man im Sofitel nach wie vor – es gibt ein eigenes Hochzeitszimmer dafür.

7

St. Pancras Renaissance Hotel, London
Wo die Spice Girls ihren Durchbruch hatten

Als Hotelgebäude hat man es nicht leicht. Da steht man über Jahre leer, der Übernachtungsbetrieb ist mangels ausreichender Badezimmer und einer nicht abzustreitenden Baufälligkeit ohnehin längst eingestellt, und dann müssen ausgerechnet die **Spice Girls** kommen, um einen wieder ins Gedächtnis zu rücken.

Es war 1996, als die britische Girlgroup das Video zum Lied *Wannabe* vor und im Gebäude des früheren Grandhotels am St.-Pancras-Bahnhof von London aufnahm. Darin hüpfte die Band zwischen einer Handvoll Statisten inmitten der einmaligen Architektur des Schotten **George Gilbert Scott** herum; die Sängerinnen bewegten sich auf der fulminanten gotischen Treppe der Eingangshalle, als hätten sie sich auf einer Broadway-Bühne befunden. Und wie es der Zufall so wollte: *Wannabe*, die Debütsingle der Spice Girls, wurde ein Hit und landete in mehr als 30 Ländern auf Platz 1 der Charts. Die Musiksender der Welt spielten das Video auf und ab, und die Band galt plötzlich als Inbegriff der britischen Popmusik. Auch Scotts Hotelbau war zumindest unter Londoner Stadtplanern wieder in aller Munde.

Und dies zu Recht: Das 1873 eröffnete Gebäude gilt bis heute als eines der schönsten Beispiele neugotischer Baukunst auf den Britischen Inseln. Die Midland Railway Company gab es in Auftrag, um den Passagieren ihres gerade frisch eröffneten Londoner Endhaltepunkts St. Pancras eine angemessene Bleibe bieten zu können. Das Hotel bildet quasi den Kopf des Bahnhofsgebäudes.

Eine Reihe von Architekten reichte 1865 in einem Wettbewerb Entwürfe für das Gebäude ein. Auf besonderen Wunsch der Führungsebene der Eisenbahngesellschaft wurde schließlich auch noch Scott dazu bewogen, sich daran zu beteiligen. Der Schotte verfügte über eine hervorragende Reputation, unter anderem durch den Bau des Außen- und des Indien-Ministeriums in London sowie des Albert-Denkmals im Hyde Park. Eigens für ihn wurde sogar die Frist des Wettbewerbs verlängert. So erhielt Scott letztlich auch den Zuschlag – er musste seinen Entwurf allerdings aus Kostengründen in Teilen abspecken.

Die Bauarbeiten begannen 1868, der erste Teil des zunächst Midland Grand Hotel genannten Hauses wurde durch die aufwendige Konstruktion jedoch erst 1873 eröffnet. Komplett fertiggestellt war es erst Ende 1876.

Innen wie außen glich das Haus eher einer Kathedrale als einem Hotel. Scott hatte zahlreiche Stilelemente seiner sakralen Bauten auch hier in St. Pancras mit aufgenommen, wie die gotischen Bögen. Die Zimmer verfügten über Annehmlichkeiten wie Kamine sowie große Fenster, um die zu jener Zeit übliche Gasbeleuchtung auf ein Minimum beschränken zu können. Zudem gab es eine Besonderheit: Der Smoking Room, der obligatorische Raucherraum, war im Midland Grand Hotel erstmals nicht nur Männern vorbehalten – hier durften auch die Frauen öffentlich rauchen. Eine Revolution im England des 19. Jahrhunderts!

Doch das Hotel hatte einen entscheidenden Wettbewerbsnachteil: Es verfügte zunächst über lediglich fünf Badezimmer – für 300 Zimmer. So verlor es durch die viel modernere Konkurrenz schnell an Attraktivität, bis es 1935 schließlich schließen musste.

In den Folgejahren wurde das Gebäude zunächst noch zur Unterbringung des Zugpersonals genutzt. Während des Zweiten Weltkrieges wurde das Midland Grand insgesamt dreimal von

Bomben getroffen – doch Scotts massive Bauweise verhinderte größere Schäden. 1948 zog die Hauptverwaltung der British Transport Hotels in den Bau ein, die 1985 in der staatlichen Eisenbahngesellschaft British Rail aufging. Während dieser Jahre verschwanden viele aufwendige Malereien unter frischer Farbe, detailreiche Ornamente Scotts wurden überbaut. Der prächtige gotische Hotelbau von St. Pancras – er war schließlich nur noch eines von zahlreichen Verwaltungsgebäuden der britischen Hauptstadt. Auch als die Spice Girls hier drehten, war der Bau längst kein Hotel mehr – obwohl zu Beginn des Videos die Bezeichnung »St. Pancras Grand Hotel« eingeblendet wird.

Vielleicht war dies ja der Anstoß für die folgende Entwicklung: Noch im selben Jahr wurden Pläne für einen Ausbau von St. Pancras zu einem internationalen Bahnhof beschlossen – der Tunnelzug Eurostar sollte hier langfristig seinen Endpunkt bekommen und London mit dem Kontinent verbinden. In diesem Zusammenhang wurde auch das Interesse am Hotelbau wieder größer: Bei einer Komplettrestaurierung wurde er in den folgenden Jahren technisch und baulich modernisiert sowie architektonisch in seinen Ursprungszustand zurückversetzt. Am 5. Mai 2011, exakt 138 Jahre nach der ersten Eröffnung, wurden schließlich die ersten Gäste begrüßt. Aus dem Midland Grand wurde das St. Pancras Renaissance – das Teil der amerikanischen Marriott-Gruppe ist. Nun übrigens mit Bädern für jedes Zimmer.

ADRESSE	St. Pancras Renaissance Hotel, Euston Road, London, Großbritannien, www.marriott.co.uk/hotels/travel/lonpr-st-pancras
ZIMMER	207
STERNE	5
BAUJAHR	1873

Johnnie Walker, George Pullman, Jesse Boot (Unternehmer), Marie Lloyd (Schauspielerin)

Wer es sich leisten kann: Die Sir Gilbert Scott Suite ist nach den ursprünglichen Entwürfen des Architekten restauriert worden und bildet damit neben den ansonsten komplett modernisierten Zimmern ein Unikat.

8 Arizona Biltmore, Phoenix
Wo Irving Berlin von weißer Weihnacht träumte

Man kann sich kaum einen unpassenderen Ort vorstellen, um in Weihnachtsstimmung zu kommen: Phoenix im US-Bundesstaat Arizona verfügt über so etwas wie eine Sonnengarantie. Selbst im tiefsten Winter misst das Thermometer hier meist noch gut und gern 20 Grad. Im Sommer steigt es auf bis zu 40 Grad an. Die Sonne, verrät die Statistik, zeigt sich in dieser Stadt inmitten der amerikanischen Wüste mehr oder weniger an 365 Tagen im Jahr. Ein Traum!

Ausgerechnet hier aber soll eines der bekanntesten Weihnachtslieder der Welt entstanden sein: am Pool des Arizona Biltmore mitten in Phoenix. **Irving Berlin**, ein in Russland geborener, bekannter amerikanischer Komponist, zählte seit jeher zu den Stammgästen des Hauses. Auch zur Jahreswende 1939/40 war er hier, um dem kühlen Wetter seiner Heimat New York zu entfliehen. Am Pool sei er viel kreativer und schneller als daheim, verriet er damals einem Reporter der örtlichen Tageszeitung. Und so kam es, dass er – vermutlich bei Sonnenschein und 20 Grad – seinen wohl bekanntesten Hit schrieb: *White Christmas.*

Er träume von weißer Weihnacht, textete Berlin für dieses Lied, genau solche, wie er sie von früher kannte: »*I'm dreaming of a white christmas, just like the ones I used to know.*« Sonne hin oder her – zu Weihnachten ist das Bad im Hotelpool von Arizona wohl doch nicht jedermanns Sache.

Berlin war Profi genug, um schnell zu ahnen, welchen Goldesel er mit dem Lied geschaffen hatte. »Es handelt sich bei *White Christmas* nicht nur um den besten Song, den ich jemals geschrieben habe«, soll er später zu seiner Mitarbeiterin **Helmy Kresa** gesagt haben, »sondern es ist der beste Song, den jemals irgendjemand geschrieben hat.« Der Erfolg kam 1947 mit der von Bing Crosby gesungenen Version des Liedes. *White Christmas* wurde über die Jahrzehnte mit rund 50 Millionen verkauften Tonträgern die erfolgreichste Single aller Zeiten. Und das Biltmore? Sonnt sich bis heute in diesem Ruhm – dabei gilt das inzwischen zur Waldorf-Astoria-Kette von Hilton gehörende Haus auch selbst als Besonderheit.

Das Biltmore entstand 1929 unter dem Einfluss des amerikanischen Architekten **Frank Lloyd Wright**, der durch seine klaren, funktionalen Gebäude bekannt geworden war. Entworfen wurde das Haus aber von einem seiner Schüler: **Albert Chase McArthur**. Mit seiner Fassade aus Betonblöcken wirkt es auf den ersten Blick gewöhnungsbedürftig – im Grunde passt es sich aber wunderbar in die Umgebung aus Rasen und Palmen ein.

Der Pool, an dem Berlin später so manchen Song komponierte, folgte 1930. Er wurde schnell zum Zentrum des Geländes. Hier zeigten Modeschöpfer ihre neuen Kollektionen; hier war die Schauspielerin und Sängerin **Marilyn Monroe** des Öfteren zu sehen. Sie soll dieses Schwimmbecken sogar einmal als ihren Lieblingspool bezeichnet haben.

Der Chicagoer Kaugummigigant **William Wrigley junior** übernahm das Hotel bereits in den Anfangsjahren – weil sich die Bausumme verdoppelt hatte, gerieten einige der ursprünglichen Investoren in finanzielle Schwierigkeiten. Über 44 Jahre blieb es in Familienbesitz und wurde zu so etwas wie einer Oase für die Reichen und Schönen Nordamerikas. Was etwas heißen will in einer vergleichsweise abgeschiedenen Gegend, in die sich sonst nicht viele Amerikaner verirren würden.

Unter neuen Eigentümern wurde das Anwesen in den 70er- und 80er-Jahren mehrfach umgebaut und erweitert. Die größte Renovierung erfolgte 1992, als das Hotel erneut den Besitzer wechselte. Für 50 Millionen Dollar wurden die Zimmer im Stil der 30er-Jahre umgestaltet, um dem großen architektonischen Vorbild Frank Lloyd Wright gerecht zu werden.

Und der Pool? Den gibt es selbstverständlich immer noch. Und in jedem Dezember, so heißt es, träumt hier auch heute noch so mancher von weißer Weihnacht.

ADRESSE	Arizona Biltmore, 2400 East Missouri Avenue, Phoenix, USA, www.arizonabiltmore.com
ZIMMER	738
STERNE	5
BAUJAHR	1929
BERÜHMTE GÄSTE	John McCain (Politiker), Irving Berlin (Komponist), Frank Sinatra (Entertainer), Marilyn Monroe (Schauspielerin)
DO IT YOURSELF	Immer dienstags, donnerstags und sonnabends bietet das Hotel Touren zur Geschichte des Hauses an.

9 The Caledonian, Edinburgh
Wo Stan und Oli noch einmal Erfolge feierten

Die Art des Auftritts war wohl fast schon zwingend für das damals bekannteste Komikerduo der Welt: Mit einem Gepäckwagen wurden **Stan Laurel** und **Oliver Hardy** am 12. April 1952 von einem Angestellten des Caledonian-Hotels in Edinburgh am Zug abgeholt und direkt zum Hoteleingang gebracht. Die beiden Schauspieler genossen die Situation sichtlich, wie auf einem ihrer bekanntesten Fotos zu sehen ist, und winkten Grimassen schneidend in die Menge. Immerhin waren sie an einem Ort gelandet, an dem man sie nach wie vor als Stars behandelte. Die Zeit ihrer großen Produktionen war längst Vergangenheit. Die US-Zuschauer verlangten nach Farbbildern und aufwendigen Produktionen, wer wollte da noch Relikte der großen Zeit des Stummfilms sehen?

In Schottland, nicht weit von Stan Laurels Geburtsort Ulverston in Nordengland, mochte man den seriösen Humor der beiden noch immer. Dreimal schon waren sie in den Vorjahren in Edinburgh gewesen, die letzten beiden Male bereits im Caledonian direkt an der heute nicht mehr existierenden Eisenbahnstation Princes Street. Im Empire Theatre waren sie mehrfach vor ausverkauftem Haus aufgetreten. Der Humor der Schwarz-Weiß-Film-Zeit mochte nicht mehr auf der Leinwand funktionieren – wohl aber im Theater. Das war eine Genugtuung für die beiden auch privat eng befreundeten Komiker.

Um ihre Schottlandbesuche ranken sich zahlreiche Geschichten: An einem Morgen etwa soll Laurel im Caledonian aus Versehen seinen Kaffee auf das blütenweiße Tischtuch des vornehmen Hotels geschüttet haben. Hardy winkte spontan den

Kellner herbei und konfrontierte Laurel sogleich mit seinen typischen Filmworten: »Sieh nur, Stanley, in was für einen Schlamassel du mich da gebracht hast.«

Es sollte der vierte und letzte Besuch der beiden Komiker in Edinburgh bleiben. Oliver Hardy starb 1957 in Kalifornien. Laurel war zu jener Zeit bereits gesundheitlich stark angeschlagen, unter anderem wegen einer Krebserkrankung. Er erlag 1965 einem Herzinfarkt.

Das Caledonian wurde im Dezember 1903 als Eisenbahnhotel eröffnet, in einer Zeit, als im britischen Schienenverkehr ein harter Wettbewerb herrschte. Die Caledonian Railway Company hatte ein Netz an Verbindungen in Schottland sowie bis nach London aufgebaut. Am Ende der Princes Street in der schottischen Hauptstadt Edinburgh lag mit dem Bahnhof so etwas wie das Herz des Unternehmens. Und hier kam es auch zum Wettbewerb, denn ein paar Hundert Meter die Straße hinab endete am heutigen Bahnhof Waverly mit der North British Railway der größte Konkurrent des Unternehmens. So entwickelte sich ein gewisses Kräftemessen – auch was die Hotels anging.

Als die North British Railway mit dem North British Hotel (heute das Balmoral) ein fürstliches Grandhotel eröffnete, wollte die Caledonian Railway dem in nichts nachstehen. Gemeinsam mit einem neuen Bahnhof entstand das Caledonian– nicht minder prachtvoll als das Haus der Konkurrenz. Schnell zog es unter anderem Künstler, Schauspieler und Politiker an, und es führte allerlei Besonderheiten ein. So ließ das Unternehmen ein System entwickeln, das den Dampf seiner Lokomotiven nutzte, um das Wasser des Hotels zu erhitzen.

Der Wettbewerb ging munter weiter und hätte womöglich erst spät im 20. Jahrhundert zu einem Ende geführt – wenn es nicht 1923 zum Eingreifen der britischen Regierung gekommen wäre. In einem Versuch, das unüberschaubare Sammelsurium der britischen Eisenbahnunternehmen zu sortieren, wurden die beiden rivalisierenden schottischen Bahnen zur London, Midland and Scottish Railway zusammengeführt. Die Hotels wurden nach dem Zweiten Weltkrieg in eine neu gründete Bahnhotelgesellschaft überführt.

1965 war dann endgültig Schluss mit der parallelen Linienführung in Edinburgh: Der alte Bahnhof der Caledonian Railway wurde abgerissen – einzig das Caledonian-Hotel blieb. Das gehört seit dem Jahr 2000 zur Hilton-Gruppe und wurde 2012 nach einer 24-Millionen-Pfund-Sanierung der Luxusmarke des Konzerns zugeschlagen, den Waldorf-Astoria-Hotels.

ADRESSE	The Caledonian, Princes Street, Edinburgh, Großbritannien, www.thecaledonianedinburgh.com
ZIMMER	241
STERNE	5
BAUJAHR	1903
BERÜHMTE GÄSTE	Stan Laurel, Oliver Hardy, Joan Collins, Sean Connery (Schauspieler)
DO IT YOURSELF	Die alte Bahnhofsuhr der Princes Street Station erinnert heute im Hotel an die große Zeit der Eisenbahn.

10 Fairmont St. Andrews, St. Andrews
Wo sich Prinz William fit hielt

Der kleine schottische Ort St. Andrews übte schon immer eine Anziehungskraft auf Manager und Monarchen aus, auf Politiker und bekannte Künstler. Luxus, Golf und traumhafte Aussichten sind die perfekte Mischung für entspannte Aufenthalte. Für **Prinz William**, den Duke of Cambridge, sollte ein solcher Aufenthalt Weichen fürs Leben stellen.

Von 2001 an studierte der Sohn des britischen Thronfolgers Prinz Charles an der University of St. Andrews. Hier lernte er seine heutige Frau **Kate Middleton** kennen, und hier soll er auch sportlich sehr aktiv gewesen sein. Vier ganz normale Jahre abseits des Medienrummels wollte ihm das Königshaus schenken und eine angesehene Ausbildung gleich mit dazu.

Deswegen bewegte sich der Prinz vor Ort auch relativ frei, lebte ein Jahr lang wie alle Uni-Neulinge im Studentenwohnheim und soll ein gern gesehener Gast im Spa- und Fitnessbereich des Fairmont St. Andrews gewesen sein. Das Fünf-Sterne-Anwesen bot vor allem einen angesehenen Golfplatz, mehrfach als bester Schottlands und Europas ausgezeichnet. Hier im Hotel soll es auch zur ersten Begegnung von Kate und William gekommen sein: Die heutige Duchess of Cambridge, damals ebenfalls Studentin, modelte bei einer Wohltätigkeitsmodenschau im Fairmont St. Andrews. Der Prinz saß in der ersten Reihe und war offenkundig entzückt. Später zogen beide vor Ort in dieselbe Wohngemeinschaft. 2011 heirateten sie – wenn auch in London.

Das Fairmont-Hotel kam fast zeitgleich mit dem Prinzen: Don und Nancy Panoz eröffneten es im Sommer 2001 sprichwörtlich auf der grünen Wiese rund fünf Kilometer von St. Andrews entfernt – zunächst noch als St. Andrews Bay Golf Resort & Spa. 2006 wurde das Anwesen verkauft, inzwischen wird es von der Fairmont-Gruppe betrieben. Mehrfach stand es auch im Rampenlicht der politischen Berichterstattung: 2009 trafen sich im Hotel die Finanzminister der 20 führenden Industrienationen (G20). Bereits 2006 wurde hier das St.-Andrews-Abkommen unterzeichnet, das den Friedensprozess in Nordirland wieder in Gang brachte. Die IRA-nahe Partei Sinn Féin akzeptierte darin die nordirische Polizei, die radikale probritische Partei DUP erklärte sich bereit, mit den pro-irischen Parteien eine Regierung zu bilden.

Kate und William leben nicht mehr in Schottland – doch die Abgeschiedenheit hat es ihnen offenbar angetan. Wenn sie nicht in London weilen, dann wohnen sie auf der walisischen Insel Anglesey. William leistet hier seinen Dienst bei der Küstenwache.

ADRESSE	Fairmont St. Andrews, St. Andrews, Großbritannien, www.fairmont.de/st-andrews-scotland
ZIMMER	209
STERNE	5
BAUJAHR	2001
BERÜHMTE GÄSTE	Prinz William (Mitglied der königlichen Familie Großbritanniens), Tony Blair, Bertie Ahern, Alistair Darling (Politiker)
DO IT YOURSELF	Das Signature Spa im Hotel ist nicht nur für Prinzen geöffnet – der Ort St. Andrews kann auf eine lange Tradition als Heilbad zurückblicken.

11 Castillo Hotel Son Vida, Palma de Mallorca
Wo mit Gaddafi die Sicherungen durchgingen

Luxushotels ziehen oftmals Gäste an, die international in aller Munde sind. Ein Gast des Castillo Hotel Son Vida auf Mallorca aber sorgte 1984 für besonderes Aufsehen: Der damalige libysche Staatschef **Muammar al-Gaddafi**. Er traf sich mit dem spanischen Ministerpräsidenten **Felipe González** und dem österreichischen Bundeskanzler **Bruno Kreisky**, um internationale Probleme und die Beziehungen zu Spanien zu diskutieren. Sein Aufenthalt hätte beinahe eine Staatskrise ausgelöst – und das nicht mal wegen ihm, dem umstrittenen Gast aus Libyen.

Ausgerechnet während der Konsultationen Gaddafis kam es zu einem Kurzschluss im Hotel, bei dem plötzlich das Licht ausging. Überall sei das Entsichern von Maschinenpistolen zu hören gewesen, erinnern sich Zeitzeugen, denn Gaddafis Leibwächter befürchteten das Schlimmste. Schließlich galt der libysche Diktator für weite Teile der Welt als so etwas wie ein Staatsfeind Nummer eins. Selbst sein eigens aus Libyen mitgereister Koch soll bewaffnet gewesen sein.

Die Entwarnung kam jedoch prompt: Angehörige der libyschen Delegation hatten offenbar versucht, auf dem Zimmer Datteln zu rösten. Ihr aus der Heimat mitgebrachter Elektro-Ofen aber hatte das Hotelnetz zum Zusammenbruch gebracht. Zu viel Energie benötigte er, sodass überall die Sicherungen herausflogen. Bei seiner Abreise hinterließ Gaddafi den Hotelangestellten dann auch ein großzügiges Trinkgeld von 5.000 Dollar.

Ein weiterer Gast machte den Hotelaufzeichnungen zufolge sogar Bekanntschaft mit der mallorquinischen Polizei: **Zsa Zsa**

Gabor, extravagante Schauspielerin, soll in der Boutique des Son Vida eine Schrankfüllung Hüte eingekauft haben, jedoch ohne zu bezahlen in Richtung Flughafen aufgebrochen sein. Die Polizei stoppte sie rechtzeitig auf dem Weg.

Brigitte Bardot stieg bereits 1966 gemeinsam mit ihrem Ehemann **Gunter Sachs** im Castillo Hotel Son Vida ab – und lieferte sich eine waghalsige Verfolgungsjagd mit der Presse quer durch das Haus. Sie gab zunächst dem Drängen der Journalisten nach einem Fototermin nach, allerdings unter der Bedingung, dass man sie für den Rest ihres Aufenthaltes in Ruhe lassen möge. Der Lift setzte sich zur vereinbarten Zeit in Bewegung – und fuhr an den in der Lobby versammelten Journalisten vorbei. Bardot hatte es sich offenbar anders überlegt. Das wollten die Reporter nicht auf sich sitzen lassen und starteten eine Verfolgungsjagd: Bardot und Sachs hetzten in den Anckermann-Saal, weiter auf die Terrasse, zurück ins Hotel, immer weiter bis in die Bar, wo sie von der Horde aufgescheuchter Journalisten eingeholt und in Serie fotografiert wurden. Bardot soll gelächelt haben, aber wortkarg geblieben sein. Ein britischer Journalist notierte tags darauf: »Sie bestellte einen Whisky.«

Auf dem Gelände des Castillo Hotel Son Vida gab es seit vielen Jahrhunderten ein Landgut. Das heutige Schloss entstand im 13. Jahrhundert. 1961 wurde es nach umfangreichen Umbauten erstmals als Hotel eröffnet. Seitdem ist das Hotel beliebter Anlaufpunkt von Künstlern wie Politikern, die die Mittelmeerinsel besuchen.

Die Münchener Schörghuber-Gruppe erwarb das Haus 1995 und ließ es 2006 umfassend renovieren. Heute firmiert das Castillo Hotel Son Vida als Teil der Luxury Collection von Starwood.

ADRESSE	Castillo Hotel Son Vida, Raixa 2, Urbanización Son Vida, Palma de Mallorca, Spanien, www.luxurycollection.com/castillo
ZIMMER	164
STERNE	5
BAUJAHR	1961 (Ursprungsbebauung aus dem 13. Jahrhundert)
BERÜHMTE GÄSTE	Michail Gorbatschow, Hans-Dietrich Genscher (Politiker), Pedro Almodóvar (Regisseur), Jean-Paul Belmondo (Schauspieler), Grace Kelly (Fürstin und Schauspielerin)
DO IT YOURSELF	Einen eigenen Elektro-Ofen sollte man als Gast besser nicht mitbringen – aber dafür vielleicht die Aussicht genießen, die so viele Prominente anzieht: Von der Terrasse des Hotels bietet sich ein malerischer Ausblick auf Palma de Mallorca.

ANHANG

C Check-out

Hotelsterne: Das Durcheinander mit den Bewertungen

Für die einen sind drei Sterne üblicher Standard, für andere fünf Sterne das Maß aller Dinge. Doch was sagen Sterne eigentlich über ein Hotel aus? Es kommt darauf an: auf das Land, auf die Zertifizierungsstelle, auf die Kontrolle, ob die für die entsprechende Kategorie vorgesehenen Punkte auch eingehalten werden.

Die Unübersichtlichkeit beginnt schon mit einem schlichten Manko: Es gibt keine international gültigen Sternekriterien. Fast jedes Land vergibt sie nach eigenen Grundsätzen, und es wird noch verworrener: In vielen Ländern obliegt die Prozedur zudem unterschiedlichen Verbänden und Firmen.

Das führt dazu, dass ein Fünf-Sterne-Hotel in einem beliebigen Land auf der Welt nicht unbedingt denselben Komfort aufweisen muss wie eines in Deutschland. Und andersrum: Während in angelsächsischen Ländern beispielsweise ein Bügeleisen und ein Wasserkocher in Zimmern zahlreicher Kategorien üblich sind, fehlt in deutschen Hotels nicht selten beides, ganz gleich, über wie viele Sterne das entsprechende Haus verfügt. Weder das eine noch das andere ist im Sternekatalog der deutschen Hotelklassifizierung als Mindestanforderung vorgesehen. In Italien gehört ein Bidet zur Zimmerausstattung, in Deutschland sucht man ein solches meist vergebens. Und während in den USA nichts ohne Eiswürfelmaschine geht, wird sie hierzulande kaum jemand vermissen.

Doch es gibt zumindest auf europäischer Ebene Bewegung. 2009 haben die Hotelverbände aus Deutschland, Österreich,

Schweden, Tschechien, Ungarn, der Schweiz und den Niederlanden unter der Marke Hotelstars einen gemeinsamen Kriterienkatalog erarbeitet. Ziel sind gleiche Maßstäbe für gleiche Sternekategorien. Inzwischen besteht der Zusammenschluss aus Verbänden in 13 europäischen Ländern. Auch im Süden Afrikas ist ein entsprechender Zusammenschluss unterschiedlicher nationaler Verbände in Vorbereitung.

Der mit Hotelstars harmonisierte Kriterienkatalog des Deutschen Hotel- und Gaststättenverbands (Dehoga) beinhaltet insgesamt 270 Punkte – von der allgemeinen Sauberkeit über die Zimmer- und Bettgröße bis zum WLAN im öffentlichen Bereich. Nur ein Teil davon muss jeweils für eine Kategorie erfüllt sein. Eine Übererfüllung, die aber noch nicht an die jeweils nächste Kategorie heranreicht, kann durch den Zusatz »Superior« gekennzeichnet werden.

Selbst bewerten statt Sterne zählen

Als international einheitliche Alternative zu den Hotelsternen sehen viele Internetnutzer inzwischen Bewertungsportale an. Darin verteilen die Nutzer selbst die Noten. Über einen Fragebogen mit individuellem Erfahrungsbericht urteilen Gäste über einzelne Hotels. Das kann bei einem Ausreißer wie schlecht gelauntem Personal oder einer schmutzigen Bettdecke zu unfairen Bewertungen führen – doch die Masse macht's: Weil für viele Hotels mitunter einige Dutzend oder sogar Hunderte Erfahrungsberichte existieren, ergibt sich ein Gesamtbild, das analog zu den Hotelsternen auch über eine Bewertungsskala dargestellt wird.

Marktführer Tripadvisor etwa hat nach eigenen Angaben fast 700.000 Hotels weltweit in seiner Datenbank sowie insgesamt 75 Millionen Bewertungen für Hotels, Restaurants und Sehenswürdigkeiten. Dazu gibt es erfolgreiche Mitbewerber wie etwa Holidaycheck oder Zoover, wiederum mit einigen Millionen Bewertungen.

Die Onlineportale bergen jedoch einen entscheidenden Unsicherheitsfaktor, der sie immer wieder in die Schlagzeilen bringt: Weil jeder mitmachen darf, kann theoretisch auch jeder manipulieren. Niemand ist letztlich in der Lage, vollständig zu kontrollieren, ob der Verfasser einer Bewertung auch tatsächlich im entsprechenden Hotel übernachtet hat. Oder aber, ob sich ein Hotelbesitzer gar selbst kontinuierlich positive Einträge schreibt.

Alle großen Bewertungsportale betonen, dass sie Vorsichtsmaßnahmen getroffen haben – etwa automatisierte inhaltliche Überprüfungen der eingereichten Bewertungen. Zudem gibt es jeweils Personal, das kritische Einträge individuell kontrolliert. Dennoch brüsten sich Tester dieser Portale regelmäßig damit, dass mitunter auch manipulierte Bewertungen durchrutschen. Und auch hier zählt auf Dauer wohl die Masse: Eine aus ein paar Hundert Einzelmeinungen bestehende Gesamtbewertung ist deutlich schwieriger zu manipulieren als eine Einzelmeinung. Zudem bieten einige Portale inzwischen die Möglichkeit, auch Beweisfotos in die Texte zu integrieren. Vieles kommt so ans Licht, das früher bei einer offiziellen Sterneangabe verborgen blieb.

Hotel-Sterne-Kriterien in Deutschland

Ein Stern
- Alle Zimmer mit Dusche/Bad und WC
- Tägliche Zimmerreinigung

- Alle Zimmer mit Farb-TV samt Fernbedienung
- Tisch und Stuhl
- Seife oder Waschlotion
- Empfangsdienst
- Telefax am Empfang
- Dem Hotelgast zugängliches Telefon
- Erweitertes Frühstücksangebot
- Getränkeangebot im Betrieb
- Depotmöglichkeit

Zwei Sterne
- Frühstücksbuffet
- Leselicht am Bett
- Schaumbad oder Duschgel
- Badetücher
- Wäschefächer
- Angebot von Hygieneartikeln (Zahnbürste, Zahncreme, Einmalrasierer etc.)
- Kartenzahlung möglich

Drei Sterne
- 14 Stunden besetzte separate Rezeption, 24 Stunden erreichbar, zweisprachige Mitarbeiter (Deutsch/Englisch)
- Sitzgruppe am Empfang, Gepäckservice
- Getränkeangebot auf dem Zimmer
- Telefon auf dem Zimmer
- Internetzugang auf dem Zimmer oder im öffentlichen Bereich
- Heizmöglichkeit im Bad, Haartrockner, Papiergesichtstücher
- Ankleidespiegel, Kofferablage
- Nähzeug, Schuhputzutensilien, Waschen und Bügeln der Gästewäsche

- Zusatzkissen und -decke auf Wunsch
- Systematischer Umgang mit Gästebeschwerden

Vier Sterne
- 18 Stunden besetzte separate Rezeption, 24 Stunden erreichbar
- Lobby mit Sitzgelegenheiten und Getränkeservice, Hotelbar
- Frühstücksbuffet oder Frühstückskarte mit Zimmerservice
- Minibar oder 24 Stunden Getränke im Zimmerservice
- Sessel/Couch mit Beistelltisch
- Bademantel, Hausschuhe auf Wunsch
- Kosmetikartikel (zum Beispiel Duschhaube, Nagelfeile, Watte-stäbchen), Kosmetikspiegel, großzügige Ablagefläche im Bad
- Internetzugang und Internetterminal
- À-la-carte-Restaurant

Fünf Sterne
- 24 Stunden besetzte Rezeption, mehrsprachige Mitarbeiter
- Doorman- oder Wagenmeisterservice
- Concierge, Hotelpagen
- Empfangshalle mit Sitzgelegenheiten und Getränkeservice
- Personalisierte Begrüßung mit frischen Blumen oder Präsent auf dem Zimmer
- Minibar und 24 Stunden Speisen und Getränke im Roomservice
- Körperpflegeartikel in Einzelflakons
- Internet-PC auf dem Zimmer
- Safe im Zimmer
- Bügelservice (innerhalb einer Stunde), Schuhputzservice
- Abendlicher Turn-down-Service
- Mystery-Guest-Check (anonyme Überprüfung)

P Personenregister

M

FETTNÄPFCHENFÜHRER

www.fettnäpfchenführer.de

Die Buchreihe, die sich auf vergnügliche Art dem Minenfeld der kulturellen Eigenheiten widmet.

ÄGYPTEN — ISBN 978-3-934918-59-7

BRASILIEN — ISBN 978-3-934918-92-4

CHINA — ISBN 978-3-943176-26-1

FRANKREICH — ISBN 978-3-934918-74-0

GRIECHENLAND — ISBN 978-3-934918-82-5

GROSSBRITANNIEN — ISBN 978-3-943176-31-5

INDIEN — ISBN 978-3-934918-85-6

ITALIEN — ISBN 978-3-934918-47-4

JAPAN — ISBN 978-3-943176-24-7

KANADA — ISBN 978-3-934918-77-1

KOREA — ISBN 978-3-943176-38-4

MEXIKO — ISBN 978-3-943176-03-2

NEUSEELAND — ISBN 978-3-934918-58-0

NIEDERLANDE — ISBN 978-3-943176-11-7

NORWEGEN — ISBN 978-3-934918-56-6

ÖSTERREICH — ISBN 978-3-934918-76-4

RUSSLAND — ISBN 978-3-934918-48-1

SCHWEDEN — ISBN 978-3-934918-43-6

SPANIEN — ISBN 978-3-934918-75-7

SÜDAFRIKA — ISBN 978-3-934918-42-9

THAILAND — ISBN 978-3-943176-20-9

VIETNAM — ISBN 978-3-943176-50-6

USA — ISBN 978-3-943176-16-2

CONBOOK VERLAG
www.conbook-verlag.de

Schmausen und grausen Sie mit Julia Schoon einmal rund um den Globus. Dabei ist eines sicher: Am Ende wird Ihre Definition von »Delikatessen« nie wieder dieselbe sein ...

Julia Schoon

Delikatessen weltweit
99 Spezialitäten, die
Sie *(lieber nicht)*
probieren sollten

Klappenbroschur mit
Farbfotos im Innenteil

ISBN 978-3-943176-45-2

Reisen geht wie die Liebe durch den Magen – und hält dabei genauso viele Überraschungen bereit. Zum Beispiel mit salziger Yakbutter verfeinerten Tee in Tibet oder *Praerie Oysters,* die Meeresfrüchte vermuten lassen, sich aber als gekochte oder gegrillte Stierhoden entpuppen. Eine fiese Falle ist auch die womöglich köstlichste Frucht Südostasiens, die derart bestialisch stinkt, dass man aus dem Hotel geworfen wird, sollte man sie dort anschneiden.

Auf Reisen begeben sich aber auch immer Menschen, die bewusst das Abenteuer suchen. Sie wollen lebendigen Oktopus probieren? Auf nach Korea! Frisch aus der Palme gezapften Alkohol? Bekommen Sie in West- und Zentralafrika. Ameisenhonig? Im australischen Outback. Eine hübsche Mutprobe ist auch der Sourtoe-Cocktail, den Sie in Dawson City, Kanada bestellen können: Beim Trinken muss der mumifizierte Zeh darin Ihre Lippen berühren. Wenn Sie ihn allerdings versehentlich schlucken, müssen Sie nach Ihrem Tod einen neuen spenden.

»Ein interessantes, amüsant geschriebenes Buch. Es zeigt all jenen, die nicht die Gelegenheit haben, die ganze Welt zu bereisen, weltweit kulinarische Köstlichkeiten.« (Rudolf Prasch, Alte Münze, Graz)

CONBOOK VERLAG
www.conbook-verlag.de